나는 오늘 자유로워지기로 했다

나는 오늘 자유로워지기로 했다
죄책감 새롭게 보기

초판 발행일 2020. 4. 29
1판 2쇄 2022. 1. 5

글쓴이 문종원
펴낸이 서영주
총편집 황인수
편집 손옥희, 김정희 **디자인** 최영미
제작 김안순 **마케팅** 서영주 **인쇄** 아트프린팅

펴낸곳 성바오로
출판등록 7-93호 1992. 10. 6
주소 서울특별시 강북구 오현로7길 20(미아동)
취급처 성바오로보급소 **전화** 944-8300, 986-1361
팩스 986-1365 **통신판매** 945-2972
E-mail bookclub@paolo.net
인터넷 서점 www.paolo.kr
www.facebook.com/stpaulskr

값 12,000원
ISBN 978-89-8015-924-6
교회인가 서울대교구 2020. 3. 31 SSP 1075

© 문종원, 2020

이 도서의 국립중앙도서관 출판예정도서목록(CIP)은 서지정보유통지원시스템 홈페이지(http://seoji.nl.go.kr)와 국가자료종합목록 구축시스템(http://kolis-net.nl.go.kr)에서 이용하실 수 있습니다. (CIP제어번호 : CIP2020015710)

이 책은 저작권법의 보호를 받으므로 무단전재와 무단복제를 금합니다.
이 책 내용의 전부 또는 일부를 재사용하려면 반드시 저작권자와 성바오로출판사의 동의를 얻어야 합니다.

죄책감 새롭게 보기

나는 오늘 자유로워지기로 했다

문종원 글

들어가는 글

　죄책감은 너무 광범위해서 무엇이라고 딱 잘라 말하기가 어렵다. 사람들에게 "죄책감이 무엇이지요?"라고 물으면 대부분은 "글쎄요 죄책감이 무엇이지요?"라고 오히려 반문하거나 "왜요, 알쏭달쏭한데요."라는 식으로 답한다. 우리가 늘 접하는 것임에도 대부분의 사람은 죄책감을 혼란스러워하고 있다.

　그러면 오늘날 죄책감에 대해서 많은 혼동을 일으키는 이유가 무엇인가? 현대인은 죄책감이 자기 존재의 중요한 일부분으로, 아니면 떼어 내어야 하는 쓸모없고 거추장스러운 것으로 생각하는가? 죄책감을 아예 느끼지 않는 사람과 너무 세심하게 느끼는 사람은 뭐가 다른가? 죄책감에 늘 짓눌려 지내는 사람은 어떤가? 죄책감을 느껴야 할 때는 언제이고 느끼지 않아야 할 때는 언제인가? 죄책감이 정상적인 감정이라면 왜 느껴야 하나? 죄책감은 어떤 역할을 하는가? 죄책감이 보내 주는 신호를 어떻게 받아들여야 하며, 죄책감이 전하는 메시지를 어떤 식으로 알아들어야 하나? 양심이라는 게 있는가? 있다면 그것은 더욱 나은 인간을 만드는 데 어떤 역할을 하는가? 온전한 양심과 죄책감이 더 큰 선을 이루도록 그리고 내면의 자유를 성취하도록 할 수 있는가? 우리가 스스로 벌을 주게 된다면 그 벌이 자신의 죄책감을 해소하는가? 간단히 말해서 우리는 다음과 같이 하나의 질문으로 요약할 수 있다. 우리는 어떻게 죄책감과 함께 살고, 우리 자신을 더 높은 곳으로 끌어올리는 도구로 죄책감을 사용할 수 있는가?

또 다른 죄책감의 측면을 질문해 보자. 죄책감은 신경증 증상 가운데 하나인가 아니면 분노, 미움, 두려움, 그리고 사랑처럼 자연 발생적인가? 죄책감은 우리가 느끼는 것, 곧 지나가는 것인가 아니면 콘택트렌즈처럼 눈에 끼고 다니는 우리 존재의 필수적 도구인가, 거의 의식하지 못하지만, 우리가 하는 모든 행동에 큰 영향을 미치는 요소인가?

이러한 질문에 대한 대답들은 한때 명확했을지도 모르지만, 오늘날은 그렇게 명확하지 않다. 그러나 죄책감은 너무도 널리 퍼져 있고 어느 면으로는 삶에서 불쾌한 요소를 지니고 있기에, 죄책감이 무엇인지 정확하게 알아야 한다. 죄책감이 무엇인지 알지 못한다면 우리는 죄책감을 제거할지 받아들여야 할지 모를 것이다. 또한 그것이 파괴적으로 작용하는지 유익이 되는지 알지 못해 삶을 혼란스럽게 할 것이다.

차례

들어가는 글

1장 죄책감은 왜 생길까?

생각과 말과 행위	17
죄책감이 생기는 원인	19
알아야 할 열 가지	26
죄책감 불감증	30

2장 죄책감과 관련된 것

분노와 두려움	34
후회	36
사과	40
참된 죄책감과 거짓 죄책감	46
수치심	58

3장 삶 속 죄책감

일상에서 72
양육 과정 94

4장 죄책감 해결하기

받아들이는 방식 124
해결책 137
기법 152

..

1장

죄책감은 왜 생길까?

한마디로 죄책감은 인간이면 누구나 경험하는, 잘못했을 때 느끼는 불쾌한 감정이다. 하지 말아야 한다고 생각하는 것을 했거나 반대로 해야 한다고 생각하는 것을 하지 않았을 때 생기는 감정이다. 이때 고뇌, 비탄, 외로움 등이 따라온다. 죄책감과 이 감정들은 쉽게 사라지지 않는다. 접착제처럼 달라붙어 자신을 용서할 때까지 결코 사라지지 않고 계속해서 괴롭힌다. 그러나 죄책감은 좋은 자극제가 되기도 한다. 불편한 느낌을 불러일으키지만, 삶을 올바른 방향으로 이끄는 동기 부여자이기도 하다. 다음은 한 가정에서 아버지가 딸과 대화하면서 경험한 죄책감이다.

대기업 임원으로 늘 바쁜 중년 남자가 있었다. 어느 날 그의 다섯 살짜리 딸아이는 할머니가 몹시 보고 싶어 아빠에게 수수께

끼를 냈다. "아빠, 우리 집에 올 사람이 있는데, 한번 맞혀 봐요. 아주 오랫동안 못 본 사람이고, 우리 집에 오고 싶어 해요. 누군지 알겠어요, 아빠?" 남자는 딸의 장난기 어린 예리한 질문을 받고 잠시 생각에 잠겼다. "아! 그러고 보니 어머니께 연락을 드린 지가 한참 되었구나." 그는 딸아이와 어머니에게 미안한 마음이 들었고, 용서를 구하는 심정으로 이렇게 제안했다. "우리 딸, 할머니가 정말 보고 싶었구나! 알았다. 이번 주말에 할머니를 집에 모셔 오자!"

이 사례에서 중년 남성은 딸의 질문에 회사 일로 집안일에 전혀 신경 쓰지 못하고 살아온 자신을 되돌아보게 되었다. 마음이 무거웠지만 뭔가 중요한 것을 놓치고 있었음을 깨닫는다. 이처럼 죄책감은 해야 하는데 하지 못한 것에 윤리적 질문을 던진다. 다시 말해 죄책감은 해야 할 것과 해서는 안 되는 것을 지시한다. 이 지시를 받은 사람은 자기-평가와 자기-비판 그리고 자기-처벌을 한다. 사례에서 중년 남성은 오랫동안 어머니를 찾아보지 못한 것을 후회하면서 딸과 약속하는 속죄 행위를 통해 죄책감이 주는 신호를 받아들인다.

그러면 중년 남성은 어디서 죄책감을 배웠을까? 이 남자를 포함해 우리는 모두 어렸을 때부터 사회 규범이나 관습 등을 배우고 그것을 지키지 않을 때 죄책감을 느낀다. 그러므로 죄책감은 누구나 느끼는 보편적 감정이라고 할 수 있다. 사회 규범이나 관습이 달라도 죄책감은 느낀다. 다만 그 사회가 추구하는 가치나 문화적 차이에 따라 죄책감을 느끼는 것이 약간 다르다. 그리고 개인에 따라 죄책감을 느끼는 정도에도 차이가 있을 수 있다.

죄책감은 언제부터 느끼는 것일까? 보통 세 살에서 다섯 살 무렵 처음 나타난다. 이 시기에 신체적·정신적 능력이 발달하며, 호기심이 많아 새로운 것에 도전한다. 아주 대범하고 다른 아이들과 경쟁하기도 한다. 스스로 계획을 세우고 목표를 설정해 달성하려고 애쓴다. 이렇게 스스로 주도적으로 무언가를 하려고 할 때 칭찬이나 격려를 받으면 주도성이 강화된다. 하지만 활동이 매우 공격적이므로 때로는 부모에게 강력한 제재를 받는다. 강한 제재를 받을 경우 아이는 죄책감을 갖게 되는데, 심하면 체념하게 되고 목적의식이나 용기가 부족해진다. 급기야 자신이 가치 없고 쓸모없는 존재라고까지 여기기도 한다. 이와 같이 어느 정도의 죄책감은 사회화 과정에 필수적이지만 아이의 주도성을 위축시킬 수 있다. 나중에 아이는 죄책감 때문에 어떤 것을 하는 데 끊임없이 두려움을 갖는, 그리고 스스로를 과도하게 억제하는 어른이 된다.

죄책감에 대한 이해를 돕기 위해 심리학의 이론을 빌려 보자. 이드Id는 충동에 따라 즉각적으로 만족을 얻으려는 쾌락 원리에 따라 작동하는데, 본능이라고도 말하며 비논리적이고 도덕관념이 없다. 이는 자동차의 엔진이라고 할 수 있다. 자아Ego는 사회적 가치와 도덕적 가치를 제시하는 초자아Super Ego를 중재하는 동시에 어떤 방법으로 욕구를 충족할 것인가를 결정한다. 이 자아는 차를 운전하는 운전사라고 할 수 있다. 초자아는 무엇이 옳고 그른가에 대한 사회의 도덕적 규범을 내면화함으로써 발달한다. 이를 어길 때 죄책감이 들게 한다. 운전사가 본능에 따라 자기 하고 싶은 대로 하면 분명 사고가 날 것이다. 반면 뒷좌석에 앉아서 운전사를 간섭하는 존재인 초자아는 운전사가 교통 법규를 잘 지키고 목적지로 가게 하는 역할을 하지만, 지나치게 잔소리를 하면 운전사의 심기를 건드려 운전을 방해할 수 있다. 운전하는 아내가 잔소리가 심한 남편과 싸우는 것을 종종 보지 않는가! 곧 사사건건 간섭하면 운전사의 죄책감이 지나쳐 세심증에 빠진다. 또한 운전사를 무시하고 형편없다고 비난하면 운전사는 얼어붙거나 아예 운전하기를 피할 것이다. 이는 운전사에게 수치심을 불러일으킨다. 자칫 죄책감이 존재 자체를 건드리는 수치심으로 이동하기도 한다.

그러면 죄책감을 일으키는 주요 요인은 무엇일까? 요약하면 다음과 같다.

- 잘못 말한 것이나 잘못 행동한 것을 인지
- 부적절한 행동이나 말을 했다는 것을 인지
- 아동기의 롤 모델, 환경

- 친구와 가족 그리고 학교에서의 초기 경험
- 종교적 믿음
- 다른 사람들의 비난

생각과 말과 행위

죄책감은 우리가 생각하거나 행동하거나 말하는 것에서 생긴다. 또한 분노, 욕망, 탐욕과 같은 욕구와 느낌, 또는 응답이 없는 사랑이나 우정과 같은 느낌의 결핍, 가까운 사람의 상실에 대한 슬픔의 결핍 때문에 죄책감을 느낀다. 비록 비합리적일지라도 우리는 다른 사람의 사고, 느낌, 행동 때문에 죄책감을 느끼기도 한다. 우리가 신앙을 떠났기 때문에, 부모의 기대를 충족시키지 못했기 때문에 죄책감을 느끼는 것은 흔히 있는 일이다. 몇 가지 예를 보자.

- 시험에서 부정행위를 했기 때문에 나는 죄책감을 느낀다.
- 아버지가 돌아가셨기 때문에 죄책감을 느낀다.
- 술을 너무 많이 마셨기 때문에 그리고 여자 친구가 아닌 다

른 사람에게 키스를 했기 때문에 죄책감을 느낀다.
- 자위행위를 했기 때문에 죄책감을 느낀다.
- 동성 친구에게 남편 흉을 봤기 때문에 죄책감을 느낀다.
- 친구가 실패하기를 바랐기 때문에 죄책감을 느낀다.
- 하느님께 화를 냈기 때문에 죄책감을 느낀다.
- 처제와 성관계하는 것을 상상했기 때문에 죄책감을 느낀다.
- 아이스크림 한 통을 다 먹었기 때문에 죄책감을 느낀다.
- 친구를 돕지 않았기 때문에 죄책감을 느낀다.
- 동료의 생일 선물을 사느라 사무실 기금을 내지 못했기 때문에 죄책감을 느낀다.

이외에도 죄책감을 일으키는 원인은 꽤 많다. 이와 같이 우리가 자신의 사고나 느낌에 관해서 자주 죄책감을 느끼는 이유는 그것이 비도덕적이거나 죄라고 믿기 때문이다. 죄책감은 우리가 다른 사람에게 행하거나 말하거나 생각한 것에 대한 느낌부터 우리 자신에 관해서 나쁘게 느끼는 것까지 다양하다.

죄책감이 생기는 원인

당신이 한 어떤 것 때문에

"나는 몇 가지 일로 마음이 무거워요. 부하 직원에게 일을 시켰는데, 그는 그 일을 끝내기 위해서 밤샘을 했다는 거예요. 그는 몸도 힘들고 정신적으로도 스트레스를 엄청 받았다고 했어요."

"때때로 업무상 고객들을 속이거나 거짓말을 하게 돼요."

"아내와 아이들에게 다시는 음주나 흡연을 하지 않겠다고 맹세했는데 그것을 어겨서 미안한 마음이에요."

각 경우에 있어서 행위가 있었다는 것은 의심할 여지가 없다. 죄책감을 느끼는 가장 중요한 이유는 실제로 어떤 것을 잘못했다는 것이다. 이러한 범주의 죄책감은 다른 사람에게 해를 끼친 것을 포함할 수 있다.

어떤 일을 잘못했을 때 죄책감을 느끼는 것은 당연하다. 후회할 만한 행동으로 죄책감을 느끼는 것은 정상이다. 이 경우에 죄책감을 못 느끼는 것은 사이코패스나 소시오패스의 신호일 것이다. 문제는 이 죄책감에 대해 어떻게 응답하느냐이다. 그것을 얼마나 원했는지와 상관없이 과거의 행동은 바꿀 수 없다. 그렇지만 이것이 일어났다는 것을 받아들이고, 피해를 준 사람이나 사람들에게 사과를 하고, 그다음 미래에 똑같은 행동을 반복하지 않도록 대책을 강구할 수 있다. 또한 자신의 개인적 기준들을 어겼다면(알코올을 과도하게 음용했거나 배우자를 속이는 등), 이러한 습관을 없애거나 개선할 수 있는 사람들에게 도움을 청함으로써 미래에 나쁜 길로 빠지는 것을 최선을 다해 피할 수 있다.

당신이 하지는 않았으나, 원한 어떤 것 때문에

회사 일로 출장을 갔는데 그곳에서 회의가 끝난 후에 거래처 여직원과 식사를 같이 했어요. 일도 잘하고 성격도 좋아 마음이 끌리는 거예요. 순간적으로 아내보다 그 여자에게 강한 욕망이 일어났어요. 물론 정신적으로 끌린 것이지만요.

이 사례와 같이 실지로 행동을 하지 않았어도 여전히 도덕적으로 고민할 수 있다. 자신의 윤리적 강령에서 벗어난 행동, 부정직하거나 불충실하거나 불법적 행위에 관여한 것에 대해 생각한다. 자신의 기준을 어기는 행동을 상상하고 있다는 바로 그 사실이 행동만큼이나 죄책감을 불러일으킬 수 있다.

금지된 상상을 하는 자신을 스스로 매질하는 식으로 대응한다면 어떻게 될까? 아마도 퇴행 또는 거부라는 오래된 프로이트 학파의 방어 기재를 사용할 수 있다. 그러나 이런 식으로 느낌에 대항한다면 만족스런 결과를 얻기 쉽지 않다. 그러면 어떻게 떠오르는 상상에 건강하게 대처할 수 있을까? 수용전념치료(ACT, 受容專念治療)는 죄책감에 대처하는 다음 지침을 제공한다.

1단계 지금 드는 생각과 느낌을 있는 그대로 받아들이기, 경험 자체를 받아들이기, 판단하거나 억누르거나 피하지 않고 받아들이기

2단계 지향하는 가치 선택하기, 자기 삶에서 소중한 가치 찾기, 소모적 에너지를 가치 있는 일을 이루는 데 쓰기

3단계 행동으로 실천하기, 어려워도 포기하고 싶어도 그 자체를 받아들이고 지속하기

실제 행동으로 옮기지 않았어도 문제가 되는 사고를 가지고 있다는 것을 깨달아야 한다. 그리고 그것을 자기 존재의 일부분으

로 받아들여야 한다. 그런 다음에야 비로소 문제 행동을 하지 않도록 변화하는 데 전념할 수 있다. 수면 밑으로 그것을 묻어 두기보다는 문제가 되는 사고와 열망을 이해하고 의식적인 노력으로 그것을 줄이는 작업을 할 수 있다.

당신이 했다고 생각한 어떤 것 때문에

좋아하는 여자 친구가 있었어요. 서로 좋아해서 자주 만나고, 만나면 헤어지기가 싫을 정도로 정이 깊어 들었어요. 그런데 오래전부터 알고 지내던 친구가 우리 사이에 슬그머니 들어오더니, 어느 날 갑자기 여자 친구를 가로채 간 거예요. 너무 화가 나서 그 친구를 죽이고 싶었어요. 그에게 저주를 퍼부었지요. 그런데 어느 날 그가 고속도로를 달리다가 사고로 죽었다는 거예요. 그 소식을 들으니 사고가 내 저주 때문이 아닌가 하는 생각에 마음이 너무 무거웠고 한동안 죄책감에 시달렸어요.

이 사례는 비합리적인 사고로 인해 생긴 죄책감이다. 어떤 것을 잘못했다는 생각만으로도, 마치 실제로 그 행동을 한 것처럼 죄책감을 경험할 수 있다. 또는 행동을 했을 때보다 훨씬 더 크게 죄책감을 느낄 수도 있다. 비합리적이라는 것을 알지만, 이러한 믿음을 완전히 제거하기는 힘들다. 또한 과거 사건에 대한 기억에는 오류가 많다. 전혀 잘못한 것이 없는데도 자신이 한 것으로 잘못 기억할 수 있다. 특히 크게 책임을 져야 하는 일에 개입되었다는 느낌이 들 때 그렇다. 예를 들어, 피의자들은 범죄 현장에 있었을 뿐만 아니라, 실제로 범죄를 저질렀다고 그들을 설득하는 자기 안에 불어넣어진 거짓 기억을 가질 수 있다.

자기 잘못에 대해 변명하기 전에 잘못한 것이 실제로 일어났는지 확인한다. 자신이 한 것보다 더 잘못한 것처럼 보이게 만드는 왜곡이 있다면 실제로 확인해야 한다.

어떤 사람을 충분히 돕지 않은 것 때문에

"중병에 걸린 친척을 돌보는 친구가 있어요. 그 친구를 돕기 위해 내 여가 시간을 할애해 왔지만, 지금 해야 할 다른 중요한 것들이 생겼어요."

"친척 집이 화재로 잿더미가 된 거예요. 친척은 끔찍한 트라우마로 힘들어했어요. 몇 주 동안 여가 시간을 이용해 친척 집을 도와주었어요. 그런데 이제는 계속 그럴 수 없게 되었어요. 문제는 힘든 그들을 모른 척하고 내 일만 하자니 죄책감이 일기 시작한 거예요. 그래서 현실적으로 가능하지 않지만 그들을 도울 방법을 찾으려고 열심히 노력했어요."

이런 극도의 피로한 느낌을 '공감 피로'라고 한다. 공감 피로는 전문 도우미들을 묘사하기 위해서 일반적으로 사용되지만, 어려움에 처한 다른 사람에게 계속 비공식적 지원을 제공하는 사람에게도 일어난다. 이 상황에 감정적으로 더 피곤하게 만드는 것이 있는데, 그것이 바로 죄책감이다. 이 죄책감으로 인해 더 해야 한다고 생각하기 때문에 극도로 피곤한데도 자신을 몰아붙인다.

그들을 돕기 위한 희생을 계속할지 말지는 스스로 결정할 수 있다. 이때 도움을 주려는 자신의 열망과 행하지 않는다면 자신을 내리누르고 두려워하게 만들 죄책감을 분리하는 것이 중요하다. 죄책감으로 인해 떠밀려 행동하는 것은 자신을 더 소모시켜 궁극적으로 덜 효과적인 도우미로 만든다.

자신만 잘 살고 있다는 생각이 들 때

"2003년 지하철 참사 사건의 생존자입니다. 지하철에 화재가 나서 수많은 사람들이 목숨을 잃었어요. 사망 192명, 부상 151명, 실종 21명이라는 엄청난 피해가 났어요. 아비규환의 상황에서 운 좋게 빠져나왔어요. 17년의 세월이 지났지만, 그때를 생각하면 아직도 아찔해요. 그런데 마음 깊은 곳에 계속 나를 내리누르는 무거운 짐이 있어요. 살아남았다는 죄책감이요. 이렇게 잘 먹고 잘 살아도 되나 하는 생각에 마음이 무거울 때가 많아요."

이 사례에서 느끼는 죄책감이 바로 생존자 죄책감이다. 이 죄책감은 동료 군인보다 오래 산 전쟁 퇴역 군인에게 생긴다. 생존자 죄책감은 재난으로 가족, 친구 또는 이웃을 잃은 사람들이 '그들은 그렇게 고통스럽게 저세상으로 갔는데, 나는 이렇게 잘 먹고 잘 살아도 되나?'라고 생각할 때 생긴다. 또한 가족이나 친구보다 나은 삶을 살아가는 사람에게도 나타난다. 부모나 형제들이 얻지 못한 기회를 자신이 얻었다는 이유로 죄책감을 갖는다.

생존자 죄책감에서 스스로를 치유할 유일한 방법은 자신을 사랑하고 돌보는 사람들에게 자신이 얼마나 자랑스럽고 기쁨을 주는 존재인지를 회상하는 것이다. 실제로 이렇게 하기는 힘들 수 있다. 그렇지만 죄책감에 시달리며 불행한 삶을 살아가는 것은 아무에게도 도움이 되지 않을 뿐 아니라, 자신을 사랑하는 사람들에게 오히려 부정적 영향을 줄 수 있다. 그들이 당신의 노력에 감사하고 있음을 떠올리며, 스스로의 기대치(또는 그들이 당신에게 가졌거나 가진)에 미치지 못해도 자신을 비난하지 마라. 최소한 당신은 그들이 염원하는 것을 이루려고 애썼다는 점을 기억한다.

알아야 할 열 가지

죄책감은 감정적으로 고통스럽게 하는 느낌이다. 그것은 자기 행동이나 태만이 다른 사람에게 신체적으로, 감정적으로 또는 그 밖의 것으로 해를 끼칠 때 죄책감이 우리에게 신호를 보내기 때문이다. 죄책감은 전형적으로 짧은 신호로 '순간 돌풍'을 일으킨다. 죄책감은 때때로 삶에서 아주 중요한 역할을 하는데 우리는 자주 과소평가한다. 다음은 죄책감에 관한 것이다.

① 죄책감은 주로 대인 관계에서 일어나기에 '친사회적' 감정이라고 할 수 있다. 다른 사람들과 좋은 관계를 유지하도록 도움을 주기 때문이다. 본질적으로 죄책감은 적절한 행동을 취할 때까지 머릿속에서 계속 울리는(오늘은 어버이날이지. 어머니 아버지께 전화하는 거 잊지 말아야 해!) 신호와 같다. 각 신호

는 짧을 수 있지만 하나로 합쳐져 적절한 행동을 하게 한다.

② 일주일에 5시간 죄책감을 경험한다. 한 연구에서 가볍게 또는 중간 정도로 죄책감을 느끼는 모든 순간을 더하면 엄청난 시간이 된다는 것을 알아냈다. 죄책감은 적은 양이어도 쓸모가 있기 때문에 매우 중요하다.

③ 해소되지 않은 죄책감은 머릿속에서 계속 울리는 자명종과 같다. 자명종이 계속 울리면 엄청 신경이 쓰이는 것처럼 죄책감에 사로잡힐 때도 마찬가지다. 실제로 죄책감이 아주 긴 시간 지속되는 경우가 참으로 많다. 해소되지 않은 죄책감을 지니고 있을 때는 매우 해로운 결과를 초래할 수 있다.

④ 죄책감은 명료하고 논리적으로 생각하는 것을 어렵게 한다. 죄책감과 삶에서 요구하는 것들(학교, 그리고 일반적인 일)이 서로 충돌해 관심을 빼앗길 때 죄책감은 늘 승리한다. 죄책감에 파묻힐 때 집중력, 생산성, 창의력, 그리고 효용성이 현저히 낮아진다. 곧 죄책감은 정상적으로 기능하는 것을 어렵게 만든다.

⑤ 죄책감은 삶을 즐기지 못하게 한다. 가벼운 죄책감조차 삶의 기쁨을 누리는 것을 주저하게 만들 수 있다. 죄책감은 파티를 취소하거나 생일을 축하하지 못하게 하고 방학 동안 즐기지도 못하고 의기소침하게 만든다. 나아가 어떤 사람들

에게는 더 나쁜 피해를 줄 수도 있다.

⑥ 죄책감은 자기-벌을 내린다. 사람들이 죄책감을 막기 위해 자기-벌을 사용하는 심리적 경향을 말한다.

⑦ 죄책감은 피해를 입힌 사람이나 안 좋은 기억이 떠오르는 장소를 피하게 한다. 어떤 사람에게 해를 끼쳤을 때 죄책감 때문에 무의식중에 그 사람과 거리를 둠으로써 문제를 더 악화시킨다. 죄책감을 불러일으키는 것들을 피하려는 경향은 거의 관련이 없는 사람이나 장소 그리고 일에까지 확대되기도 한다.(이 식당이 바로 전남편과 이혼에 관한 대화를 했던 그곳이다. 그래서 나는 더 이상 이곳에 오지 않는다).

⑧ 죄책감은 죄책감으로 끝나는 것이 아니라 분노로 이어진다. 이러한 분노를 통해 다른 사람의 행동을 통제하거나 조작하려고 한다. 그때 다른 사람 안에 또 다른 분노를 불러일으킨다는 점을 간과한다. "다시는 내게 전화하지 마."라는 말이 그 순간 전화를 하라는 뜻일 수 있다. 그러나 그것은 미래에 상대가 전화할 가능성을 낮게 만들 수 있다는 사실을 간과한 것이다. 이것이 바로 대부분 죄책감에 사로잡힌 사람들이 생각하는 것보다 죄책감이 관계에 더 해로운 이유이다.

⑨ 죄책감을 느끼기 쉬운 사람들은 다른 사람에게 피해를 입히지도 않았는데 피해를 입혔다고 생각한다. 죄책감을 느끼

는 방아쇠가 너무 쉽게 잡아당겨지도록 설정해 놓아 죄책감 경보가 너무 자주 울리는 것이다. 결국 실제로는 하지 않았는데도 다른 사람에게 충격을 준 것에 죄책감을 느낀다. 이것은 큰 문제이다. 피해를 입히지 않았는데도 과대 해석함으로써 계속적으로 불필요한 스트레스에 놓여 스스로 삶의 질에 영향을 미친다.

⑩ 죄책감은 글자 그대로 더 무겁게 느끼게 하며 이러한 상태가 오래 지속되게 한다. 죄책감을 과하게 짊어진 사람들은 에너지를 많이 쓴다. 이는 죄책감을 전혀 갖고 있지 않은 사람보다 신체적으로 더 많은 요구에 응하기 때문이다.

죄책감 불감증

한 남성이 경찰의 음주 운전 단속에 걸렸다. 그는 잘못했다고 고개를 숙이기는커녕 고함을 지르고 행패를 부렸다. 다른 경찰들이 와서 그를 진정시키려고 했지만, 그는 더 큰 소리로 욕을 하며 경찰을 때리기까지 했다.

죄책감은 느낌이지만, 죄를 저지른 것은 범죄와 관련된 실제적 행동이다. 법적 죄책감은 더 뚜렷하다. 법적으로 죄를 지을 수 있지만, 윤리적으로는 아니다. 예를 들어, 속도위반 딱지를 떼였다. 어떤 사람은 법을 어겼지만, 죄책감을 느끼지 않을 수 있다. 사람에게 끔찍한 상처를 입히고도 죄책감을 느끼지 않는 소시오패스처럼 그는 전혀 죄책감을 갖지 않는다. 그 반대도 성립한다. 불법적이지도 도덕적이지도 않은 행동에 대해서 죄책감을 느낄 수 있다. 따라서 느낌 자체와 벌어진 일을 구별하는 것이 중요하다. 죄책감을 느낀다고 해서 실제 죄를 지었거나 비난받을 만한 잘못을 했다고 단정해서 말할 수 없다.

2장

죄책감과 관련된 것

분노와 두려움

"어릴 때 불평하거나 성질을 내면 아버지는 나를 꾸짖고 벌을 주셨어요. 지금도 다른 사람에게 성질을 내고 나면 죄책감을 느껴요. 그래서 화가 나도 억누르며 살았어요. 그러다 보니 몸으로 드러나 많은 병에 시달리고 있어요."

죄책감은 일반적으로 두 가지 감정으로 구성된다. 분노와 두려움이다. 분노는 자기 자신을 향하며 내면의 갈등 상황에 처하게 한다. 두려움은 실제 또는 상상으로 기관이나 공권력, 권위 있는 사람의 벌로 인해 생긴다. 그것은 불안이나 당황과 같은 모호하지만 강렬한 느낌일 수도 있다.

아무도 모르는 자기 기준을 충족시키지 못했을 때 죄책감을 느낄 수 있다. 이때 스스로 범죄자, 판사, 집행자가 된다. 여기서 충족시키지 못한 기준이나 규칙은 사례와 같이 오래전 그런 일로 부모에게 벌을 받았을 때 생겼을 수 있다. 또는 벌금을 내거나 감옥에 갇히는 징계를 받고 나서, 공적으로 직업적으로 수치를 당해서, 돌보는 사람에게 거부되었을 때 생겼을 수도 있다. 미래에 있을 벌에 대한 이러한 두려움은 위안을 얻을 때까지 고통스러운 불안의 원인이 된다.

　스스로 내면에 죄책감과 분노를 가두고 감옥 생활을 한다. 웃음으로 이 모든 것을 숨기려고 최선을 다하지만 결국에는 몸으로 드러난다. 이런 경우 몸은 고혈압과 편두통, 경련성 결장이나 만성적 호흡기 감염 등 각종 스트레스 관련 질병이 활성화되는 사육장이 된다.

후회

　죄책감은 '저지른 잘못에 책임을 느끼는 마음'으로, 외적 혹은 내적 복수에 대한 공포, 후회, 뉘우침, 속죄감 등을 포함한다. 다음 사례를 보자.

　중년이 된 어머니가 두 아이를 키우면서 죄책감을 불러일으킨 한 사건을 떠올렸다. 그녀는 작은아이가 열세 살 때 아침에 들고 나간 물품을 모두 잃어버린 것을 알고 야단을 쳤다. 허구한 날 빈 가방만 들고 들어오는 아이가 한심해서 손을 댔다. 저녁마다 같은 물품을 사야 했다. 그녀는 가뜩이나 생활이 어려운데 아이마저 속을 썩여 화가 나서 때렸다. 그런데 아이가 대들었다. 반항하면 할수록 죽일 듯이 더 두들겨 패도 그녀의 속은 더 상하고 화는 풀리지 않고 가슴은 답답했다. 그리고 그때를 생각하면 아이

에게 너무 미안하고 죄책감에 마음이 쓰렸다.

이처럼 인간은 자신이 저지른 잘못에 대해서 후회하며 참회를 하게 된다. 인간이라면 누구나 가져야 할 마음이다. 이 사례에서 중년 여성과 같이, 사랑하는 사람에게 상처를 주었을 때 죄책감을 느낀다. 진정한 죄책감은 가슴에서 우러나오고, 서로에게 입힌 상처에 대해 경고를 보낸다. 진정한 죄책감과 같이 건강한 감정은 네 가지 특성이 있다.

① 특별한 방식으로 잘못한 것을 인식함으로 시작된다. 다른 사람이나 자신에게 상처를 입힌 행동, 태도, 습관에 초점을 둔다.

② 중요한 관계가 상처를 입었음을 인식하는 것이다. 타인과의 관계 또는 자신에게 깊이 새겨진 가치관의 손상 등을 말한다.

③ 자신에게 책임이 있음을 인정하는 것이다. 자신의 행동이 잘못된 것이라는 인식이다.

④ 이 인식이 우리가 행동하도록 이끈다. 그리고 상처를 준 사람들과 접촉을 재시도하도록 이끌어 그들과의 관계를 회복시킨다.

이 사례와 같이 죄책감은 또한 사회와 친밀한 관계에 긍정적인 작용을 한다. 사회 속에서 살아가는 사람들은 그것이 도덕적 규범과 사회적 규범에 어긋나는 행동임을 알면서도 종종 거짓말을 하고, 부정을 저지르며, 물건을 훔치는 행동을 한다. 이렇듯 현실 상황에서 사람들이 인지적으로 자각하고 있는 도덕적 규범을 실천하지 못했을 때 죄책감이 그것을 실천하도록 자극하는 역할을 한다. 죄책감을 경험하는 사람은 보상 행동을 하고 책임을 받아들이며 피해자의 안녕을 걱정한다. 반면 죄책감을 느낄 줄 모르는 사람이 있다. 상사, 연인, 룸메이트, 사업 파트너가 그런 사람이라면 그를 만나고 싶어 하는 사람은 없을 것이다. 이러한 사람들은 종종 타인을 착취하고 해를 끼치거나 이용하고, 자신이 타인에게 상처를 주었다는 점을 후회하지 않는다.

많은 사람들이 죄책감과 후회의 느낌을 혼동하는 경우가 있다. 죄책감과 후회 모두 '미안한' 느낌인데, 차이가 있다면 후회가 슬픔의 감정에 더 가깝다는 것이다. 그런데 죄책감과 후회는 행동이 해를 끼치는 원인이 될 때 자주 결합된다.

"속도위반을 하지 않고 차를 몰고 가다가 도로로 뛰어나온 고양이를 뜻하지 않게 치었어요."

"정식으로 병가를 냈지만, 업무를 대신 맡은 동료가 실수를 해서 고용주에게 손실을 끼쳤어요."

"세미나를 위해 도시를 떠났는데 배우자가 응급실에 실려 갔어요."

이러한 예들에서와 같이 아무 생각 없이, 때로는 좋은 의도였지만, 뜻밖의 일이 일어날 수 있다. 예측할 수 없는 부정적인 결과에 죄책감을 갖는 것은 거짓 죄책감이다. 하지만 후회는 할 수 있다.

"다르게 행동했더라면 좋았을 것을…."
"내가 한 것은 잘못되었어, 그래서 나 자신을 용서할 수 없어."

이처럼 죄책감을 갖는 중요한 이유 가운데 하나는 돌아보면서 자신이 더 잘할 수도 있었다는 것을 알았다는 것이다. 가령 상황이나 사람을 다르게 대함으로써 결과가 아주 다를 수도 있었다. 하지만 과거로 돌아가 일을 돌이킬 수는 없다. 그러므로 우리는 했던 것, 말했던 것, 믿었던 것을 받아들이면서 죄책감을 떨치고 앞으로 나아가야 한다.

사과

　모든 사과는 사회에서 중요하기에 아이들이 말하기 시작하면 될 수 있는 한 빨리 "미안해요."라는 말을 하도록 가르침을 받는다. 그런데 불행히도 성인이 된 우리의 표현 능력은 어릴 때만 못하다. 대개 어른들이 하는 사과가 아이들이 하는 것처럼 어설프고 설득력이 없다.

　사과를 왜 하는지 사람들에게 물어보면 이렇게 대답한다. "내가 잘못해서, 실수를 해서, 과오를 범했기 때문에 사과해요." "나는 그런 상황에서 사과를 해야 해요." 또는 "그렇게 하는 것이 올바르고, 성숙하고, 책임 있는 거예요." 하고 대답한다.

　대답 안에 문제가 있다. 동기는 좋은 반면, 그 가운데 어느 것도 사과가 실제로 의도하는 것을 드러내지 못하기 때문이다. 사과를 해야 하는 상황이라면 그 전에 어떤 식으로든 다른 사람의 감정을 흔들어 놓았을 것이다. 그런데 사과한다면서 오히려 상대방을 고통스럽게 하거나 상처를 주거나 불쾌하게 하거나 실망시키거나 좌절감을 주거나 당혹스럽게 하거나 화나게 하거나 깜짝 놀라게 할 수 있다. 그래서 사과하는 사람이 알아야 할 것이 있다. 사과의 첫 번째 목표는 그 사람의 감정적 짐을 덜어 주고 진정한 용서를 얻는 것이다. 그러므로 사과가 효과가 있으려면 사과하는 자신이 아니라, 상대방의 필요와 느낌에 초점을 맞추어야 한다. 초점을 잘못 맞추면 근본적인 오해가 생긴다. 많은 정치가, 운동선수, 연예인 등이 사과할 때 가식적으로 들리는 것은 이 때문이다. 그리고 우리의 많은 노력들이 효과가 없는 이유이다. 우리는 다른 사람의 기분이 아니라, 자기 기분을 좋게 하려고 애쓰기 때문이다.

일본 정치가들은 수많은 세월 동안 한국에서 많은 죄를 저질렀다. 한국인들은 징용으로, 위안부로, 강제 노동자로 끌려가 사랑하는 가족과 헤어져 착취당하고, 인간 이하의 대우를 받으며 서러움 속에 죽어 갔다. 그런데 그들은 사과를 했고 돈도 주었으니 그것으로 끝났다는 것이다. 세상에 이런 가식적이고 일방적인 사과가 또 있을까? 그것은 일어난 일들을 희미하게 얼버무린 이기적인 발상이고, 자신들만 좋으려고 하는 것이다. 피해자들은 전혀 염두에 두지도 않는 행동이다. 그들은 용서를 구하지 않았고, 피해자들은 그들을 아직까지 용서하지 않았다. 가해자인 그들은 피해자가 얼마나 고통스러웠는지를 공감하지 못한 채 소시오패스처럼 잔인한 행동을 하고 있는 것이다.

사과는 사회적 기대나 규범을 위반했다는 것을 인정한다는 것을 내포한다. 또한 우리 행동이 다른 사람에게 영향을 미쳤고, 거기에 자신의 책임이 있음을 알고 용서를 구해야 한다. 그렇게 함으로써 파괴된 관계를 바로잡고 자신의 지위와 역할을 되찾으며 죄책감을 덜어 낼 수 있다. 사과의 효과가 있으려면 다음 요소를 따라야 한다.

① "미안해요."라는 말을 확실하게 한다.
② 일어난 일에 대한 유감을 표현한다.
③ 사회적 규범이나 기대를 저버렸다는 것을 인정한다.
④ 자기 행동이 다른 사람에게 어떤 영향을 끼쳤는지 충분히 안다는, 공감하는 말을 한다.
⑤ 용서를 구한다.

이 다섯 가지 요소 중 가장 중요한 것은 슬프게도 너무나 자주 빠뜨리는, 공감하는 말이다. 우리가 상대방에게 끼친 모든 것을 잘 알고 있다는 인상을 주어야 상대방이 우리를 용서할 수 있다. 사람의 마음을 어루만져 주는 것은 말처럼 그렇게 쉬운 일이 아니다. 다음 예를 통해 어떻게 하는지 보자.

(상황) 직장에서 너무도 끔찍한 하루를 보냈다. 기분이 엉망이 되었다. 집에 늦게 도착했는데, 기진맥진해서 아주 친한 친구 생일 파티에도 갈 마음이 전혀 들지 않았다. 만사가 귀찮았다. 거기 가면 괜히 분위기만 망칠 것 같은데, 굳이 갈 이유가 없지 않을까? 다음 날 아침 일어나니 죄책감이 몰려왔다. 못 간다는 말도 못했다는 생각이 들자 기분이 더 우울해졌다.

(사과) 자신의 행동이 상대방에게 어떤 영향을 주었는지 잘 알고 있다는 것을 전달하기 위해서 뭐라고 말해야 할까?

말하고자 하는 내용의 목록을 만든다. 효과적인 사과가 되려면 다섯 가지 핵심 요소를 따른다.

① 대단히 죄송합니다.
② 지난밤 당신 파티에 참석하지 못했습니다.
③ 그날 너무 힘들어 기분이 엉망인 채 잠자리에 들었습니다. 그러나 참석하지 못하는 상황을 전화로라도 전하지 않은 것에 대해서는 변명의 여지가 없습니다.

④ 당신이 얼마나 당황하고 상처를 입었을지, 실망하고 화가 났을지 짐작합니다. 당신이 파티를 위해 얼마나 많은 공을 들였는지 압니다. 당신은 내가 파티에 당연히 참석할 거라고 생각했을 겁니다. 짐작하건대 사람들이 나는 왜 오지 않았는지 물었을 겁니다. 당신이 매우 난처하고 당혹스러운 입장에 처했을 거라고 생각하니 가슴이 쓰립니다. 당신이 간신히 마음을 추슬러 즐거운 시간을 보냈으리라는 생각이 듭니다. 그렇지만 나의 이기적인 행동이 어떤 식으로든 당신의 기분을, 그날 밤을 망가뜨리고 파티에 영향을 미쳤을 거라 생각하니 괴롭습니다. 친구로서 당신을 위해 참석하지 못한 것에 대해 그리고 당신의 생일을 축하하기 위해 당신 옆에 있지 못한 것에 대해 미안합니다.

⑤ 당신이 나를 용서하려면 시간이 꽤 걸릴 것을 알지만, 그래도 용서를 청합니다.

나쁜 행동을 온전히 인정하기가 쑥스러울 수도 있지만, 그것은 중요한 관계를 회복하는 데 도움을 주고 죄책감을 덜어 줄 수 있다. 그리고 책임을 질 수 있고 일을 올바로 한다는 자부심을 가질 수 있다. 어쨌든 효과적인 사과와 특히 공감하는 말은 훈련이 필요하다는 점을 알아야 한다. 시간을 내서 훈련한다.

일을 그르친 정치가나 운동선수, 연예인을 알고 있다면 그들이

이 다섯 가지 핵심 요소를 사용할 수 있도록 알려 준다.

건강한 죄책감은 사람들이 하는 사과와 같이 긍정적인 행동을 하게 한다. 사과는 관계에 가해진 손상을 복구하며, 해당 행동이 잘못된 것이었다는 데 동의를 하는 것이다. 다음 사례에서와 같이 사과는 잘못을 저지른 사람이 더 이상 그런 행동을 하지 않을 것이고, 계속 관심을 가질 것이라는 내용을 포함한다.

한 중년 여성은 남편이 7시에 집에서 저녁 식사를 한다고 해서 준비를 했다. 그런데 남편이 집에 1시간이나 늦게 도착해 음식이 모두 식어 버렸다. 그녀는 화가 났다. 그녀는 음식이 식어서가 아니라 남편의 행동 때문에 화가 난 것이다. 다시 말해 그녀에 대해 신경 쓰지 않은 남편 때문에 화가 난 것이다. 남편이 그녀에게 사과했다. 남편의 사과는 이미 식어 버린 음식은 되돌릴 수 없었지만, 그녀에 대해 지속적으로 관심을 가질 것이라는 생각을 갖도록 했다.

참된 죄책감과 거짓 죄책감

죄책감이 도움이 될 때와 방해가 될 때를 아는 것은 중요하다. 죄책감은 둘 다 될 수 있기 때문이다. 죄책감의 이중성을 기억해야 한다. 그렇지 않으면 죄책감은 이해할 수 없는, 늘 공격하기만 기다리는 적이 될 뿐이다.

죄책감을 느끼는 것이 좋을 수 있는 반면에, 불필요한 죄책감에서 자유로울 필요도 있다. 참된 죄책감은 일반적인 윤리적 기준을 거스른 행동이나 태만했을 때 느끼는 건강한 죄책감이다. 반면 거짓 죄책감은 어떤 잘못을 하지 않았는데도 느끼는 것으로, 비합리적이고 건강하지 않은 죄책감이다. 이것은 내면화된 유해한 수치심의 결과이다.

일단 이 두 가지를 구별하고 나면 가장 중요한 도전에 직면하게 된다. 곧 사랑에의 도전이다. 자기-패배에 괴롭힘을 당할 때,

죄책감에 시달릴 때는 사랑하기가 어렵다. 죄는 자신 자신과 이웃 그리고 하느님과의 관계를 단절시키기 때문이다. 반면 사랑은 이 세 관계를 회복시키기 위해서 과거 잘못의 무거운 짐에서 우리를 자유롭게 하는 내면의 변화를 요구한다. 이것은 어렵게 이루어지며 우리가 죄책감에 대한 건강하고 건설적인 느낌을 배워야 가능하다.

참된 죄책감

과거에 나는 외도를 해서 아내에게 상처를 많이 주었어요. 그것이 나쁘다는 것을 알았지만, 몇 번에 걸쳐 그런 짓을 했어요. 뭔가 생동감이 넘치는 것 같고 내 삶에 꽉 찬 스트레스를 해소해 주는 것 같아서 그랬어요. 그런데 불륜을 저지른 후에 스트레스가 더 늘고 괴로웠어요. 그리고 아주 불쾌한 감정에 휩싸였어요. 그것이 바로 죄책감이겠죠? 그래서 나는 아내의 상처 난 마음을 복구하기 위해서 사실을 인정하고 아내에게 사과를 했어요. 나를 어둡게 하는 죄책감에 시달리고 싶지 않아 다시는 그런 짓을 하지 않겠다고 다짐했어요. 그리고 앞으로는 윤리적으로 건전한 생활을 하려고 해요.

죄책감은 자존감을 회복하고 증진하는 데 도움을 준다. 사례와 같이 그것이 끔찍하게 느껴지는 만큼 죄책감은 유익한 감정이 될 수 있다. 참된 죄책감은 실제로 다른 사람들과 잘 어울리도록 이끌며, 우리의 성장과 자존감 형성에 기여한다. 죄책감에 뒤따르는 자기-용서는 자기-가치의 본질이고, 삶의 즐거움과 관계의 핵심이다.

우리가 다른 사람에게 해를 끼칠 만한 어떤 것을 했거나 하려고 할 때(신체적으로, 감정적으로, 물리적으로, 또는 그 밖의 다른 것으로) 죄책감이 일어난다. 이런 죄책감에 대한 건강한 응답은 파괴적인 행동을 그만두거나 입힌 피해에 사과나 속죄를 하는 것이다. 이때 죄책감은 빠르게 삶에 유익을 가져다준다. 가족과 공동체가 좋은 관계를 유지하도록 도와준다.

많은 경우에 '죄책감'은 문제를 일으키는 것이 아니라, 변화를 위한 기회가 된다. 죄책감을 해소하려는 행동을 취할 때 그것은 유용한 것이 된다. 사실 죄책감을 느끼고 변상하고 해소하는 것이 어떤 사람에게는 수월 수도 있고 또 어떤 사람에게는 어려울 수도 있다. 그렇지만 행동이 동반한 죄책감 해소를 통해 개인의 삶이 변화되고, 이러한 변화를 통해 고대부터 지금까지 사회는 유지되어 왔다. 느낌이 행동으로 옮겨가기까지가 그렇게 쉽지는 않지만, 행동을 통해 개인과 사회는 변화를 이룰 수 있다.

우리가 다른 사람을 모욕했다는 생각이 들 때 일어나는 가슴을 쓸어내리는 죄책감을 싫어하지만, 불쾌한 감정을 피하려는 열망이 바로 그것을 유용하게 만든다. 연구에 따르면 죄책감을 느끼기 쉬운 사람들은 술을 마시거나 불법 약물을 사용하거나 물건을 훔치거나 다른 사람을 폭행할 가능성이 적다. 교도소 입소자를 대상으로 한 장기간의 연구에서 투옥된 직후 자기 잘못에 큰 죄책감을 표현했던 사람들은 풀려난 그 해에 다시 죄를 지을 가능성이 덜하다는 것이 발견되었다. 물론 모든 죄책감이 도움이 되는 것은 아니다. 전혀 잘못한 것이 없을 때라도 과하게 죄책감을 느끼는 사람들도 있다. 죄책감은 또 수치심과 자기-혐오로 바뀔 수도 있는데, 그것은 유용한 느낌이 아니다. 그러나 죄책감은 우리가 곤경에서 벗어나도록, 관계를 바로잡도록, 그리고 궁극적으로 올바른 일을 하도록 도와준다.

비록 불쾌하지만 부정적인 느낌은 때때로 매우 유용하다. 여기에는 타당한 이유가 있는데, 인간이 부정적 감정을 경험할 수 있는 능력을 발전시켰다는 것이다. 그것은 피해를 막아 주고 성공하는 데 도움을 준다. 20만 년 전 처음 인간 종(호모 사피엔스)이 출현했을 때 곳곳에는 위험이 도사리고 있었다. 고대 우리 동족들은 아마도 다른 동물들이 그들에게 먹이가 된 것처럼 똑같이 먹이가 되기 쉬웠을 것이다. 의심, 불안, 그리고 분노를 경험할 수 있는 고대 인간들은 유해한 환경에서 살아남으려고 애썼을 것이다. 그들은 이러한 느낌에 민감하지 않은 다른 동물보다 자기들만의 생존 방식을 더 잘 찾았을 것이다.

건강한 삶이란 일반적으로 시간의 약 80%의 유쾌한 느낌과 20% 불쾌한 느낌을 포함한다. 확실히 우리 대부분은 행복, 만족, 그리고 충만함을 더 좋아한다. 그러나 부정적인 감정을 피할 수 없다. 그것을 멀리 떨쳐 버리려고 애쓰는 것은 그것이 우리에게 가르치는 것을 무시하는 것이다. 우리는 고통이 지겹다는 것을 안다. 그러나 바로 지금 기분 좋게 하는 감정들을 쌓아 놓고 바로 지금 기분 나쁘게 하는 감정을 피하는 것은 잘 살아가는 데 최상의 전략이 아니다. 고통스런 감정은 피하는 것이 아니라 끌어안고 그것이 들려주는 메시지를 알아듣고 삶에 적용해 변화를 위한 기회로 삼아야 한다. 고통이 보석 자체는 아니지만, 보석으로 만들 수 있는 재료는 될 수 있다. 조개는 자기 안으로 들어오는 이물질을 뱉어 낸다. 그러나 뱉어 내지 못한 이물질은 화학 물질을 분비해 감싼다. 이렇게 겹겹이 감싼 것이 세월이 지나 진주가 되는 것이다. 우리 삶은 고통의 연속이다. 그러나 그 이물질 같은 고통을 끌어안아 변형시킨다면 보석처럼 빛나는 인격을 형성해 주변을 아름답게 비출 것이다. 만고의 진실 중에 하나는 누구나 고통을 받는다는 것이다. 또 하나의 진실은 고통 없이는 성장하지 못한다는 것이다. 고통은 우리를 정신의 깊은 곳으로 인도한다. 세상에는 고통이 넘쳐 난다. 또한 세상에는 고통을 이겨 내고 성장한 사람들로 가득하다. 그러므로 살면서 어쩔 수 없이 겪는 것이 고통이라면 '올 테면 오라지.' 자세로 대처한다. 그렇다고 성장하기 위해서 고통을 찾아다닐 필요는 없다. 그만큼 매일 우리는 각자의 자리에서 고통을 겪기 때문이다. 그래서 남을 탓할 필요도, 남과 비교할 필요도 없다. 각자 삶의 길에서 괴물처럼 느껴지는 고통을 자기 내면을 아름답게 비추는 보석으로 바꾸는 것이다. 이것이 바로 각자가 수행해야 하는 소명이다.

궁극적으로 훌륭한 삶을 살기 위해서 우리는 행복한 것만이 아니라, 모든 감정을 어떻게 다루어야 하는지 배워야 한다. 죄책감을 포함해 부정적 느낌들조차 때때로 유익하다는 것을 아는 것이 중요하다. 건강한 죄책감은 불편하고 불쾌하고 버겁지만, 그것이 주는 신호를 받아들여 실행에 옮기면 여러 측면에서 우리에게 선물을 제공한다. 곧 자아 인식을 높여 준다. 우리의 어려움을 해결해 준다. 대인 관계를 향상시켜 준다. 그리고 신앙적으로 성장하는 길을 열어 준다. 건강한 죄책감의 역할을 요약하면 다음과 같다.

① 건강한 죄책감은 다른 사람들의 필요를 고려하도록 우리를 독려한다.

난로 앞에서 책을 읽으며 아주 즐거운 시간을 보내고 있는데, 전화가 왔다. 누구에게서 왔는지 휴대폰을 살펴보니 이혼을 한 친구였다. 전화를 무시하고 다시 책을 읽으려다가, 친구와 이야기할 필요가 있겠다는 생각이 들었다. 죄책감이 책을 옆으로 내려놓고 전화를 받도록 독려했다.

② **건강한 죄책감은 자비로운 또는 용기 있는 행동을 하도록 이끈다.**

　다른 사람들에 비해 자신이 얼마나 부자인지 깨닫게 되는 강론을 듣거나 신문을 읽었다면 건강한 죄책감이 뭔가를 하도록 자극할 수 있다. 예를 들어, 돈을 기부하거나 지역 쉼터에서 자원봉사를 하는 등이다. 건강한 죄책감은 용기 있는 행동을 하도록 이끈다. 길을 가는데 앞에서 차 사고가 났다고 가정해 보자. 그냥 지나치려는 마음이 들었다. 하지만 그 순간 죄책감이 든다면 아마도 멈추어서 도움을 주려고 할 것이다.

③ **건강한 죄책감은 정직하게, 성실하게, 그리고 충실하게 행동하게 한다.**

　결혼을 한 상태이고 다른 도시에서 회의에 참석했다고 해 보자. 거기 온 사람 중에서 매력적이고 똑똑한 사람을 만났다. 그날 회의가 끝날 무렵, 그 사람에게 호텔에서 저녁을 함께 먹으면 좋겠다고 제안한다. 저녁 식사 동안 참으로 즐거운 시간을 보냈다. 그 후 계속 그 사람과 술을 마시러 바에 머무르다 보니 죄책감을 느꼈다면 자리를 뜬 다음 방에 돌아가서 자기 배우자에게 전화를 걸 것이다.

④ 건강한 죄책감은 우리가 행동에 책임을 지도록 도움을 준다.

중요한 서류를 잃어버렸는데 상사에게 말하지 않았다고 해보자. 그 서류 때문에 다른 사람이 혼이 나는 것을 목격한다. 죄책감이 들어 잘못한 사람은 바로 자신이라고 말한다.

⑤ 건강한 죄책감은 자제력을 갖게 하며 필요할 때 하고 싶은 일을 미루도록 도움을 준다.

아이의 대학 등록금을 내야 하는데 자신의 새 차나 컴퓨터를 산다면 죄책감을 느낄 것이다. 같은 맥락에서 오늘 골프를 치고 싶다(날씨도 아주 좋고 내일은 비가 온다는 예보가 있다). 하지만 친구와 쇼핑을 하러 가는 아내 대신에 아이를 봐주겠다고 약속을 했었다. 다른 방법이 없는지 이것저것 살펴보다가 결국 아내와 한 약속을 지키기로 결정한다.

⑥ 건강한 죄책감은 자기-존중을 증진시킨다.

다른 사람이 자신을 이용하도록 허락했다면 점차 자기 가치를 떨어뜨리고 있다는 사실을 알고 죄책감을 느낄 것이다. 자존감을 높이기 위해서 변화를 요구하거나 관계를 끝낼 것이다. 반면 잠재력이나 능력에 합당한 생활을 하지 못하면 학교로 돌아가거나 더 좋은 직장을 구하거나, 자원봉사를 하도록 자극을 받을 것이다.

거짓 죄책감

　평소 '더 잘할 수도 있었는데.' 라는 생각을 많이 하며 스스로를 괴롭히며 살았어요. 잘못한 일을 되씹으면 바로 죄책감에 휩싸여요. 이렇게 제 모든 행동을 그렇게 좋게 느끼지 못해요. 저는 완벽해야 해서 늘 조심해요. 그래서 위험을 무릅쓰고 어떤 일을 하는 것이 힘들어요. 일을 하는데 늘 경쟁적으로 방어적으로 해요. 잘못했다는 소리 듣기가 정말 싫어서요. 그래서 늘 심각한 표정으로 살고 다른 사람과 비교하며 감정이 오르락내리락해요. 비판에도 과민하게 반응해요. 다른 사람의 공격에 끊임없이 방어 기제를 쓰며 긴장하고 살아요.

　해로운 물질의 독성은 몸에 나쁘고 때로는 암과 같은 치명적인 결과를 초래한다. 해로운 죄책감은 건강한 죄책감이 뒤틀어진 것으로, 해로운 물질이 암을 유발하는 것과 비슷하게 파괴적으로 작용한다. 면역 체계에 이상이 생기면 정상 세포가 과도하게 증식해 암세포로 변하는 것과 같은 이치다. 유해한 죄책감은 좋은 죄책감이 통제에서 벗어나 건강한 심리적 기능을 방해할 때 발달한다.

　많은 사람들이 건강하지 않은 죄책감을 갖고 있어서 자기-수용이 어렵고, 일생 동안 계속 문제를 일으킨다. 죄책감은 끔찍한 고통의 근원이 될 수 있다. 그것은 우리를 과거에 묶어 놓고 앞으로 나아가지 못하게 막는다. 죄책감을 느끼면 한 번이 아니라 계속해서 자신을 단죄해야 한다고 생각한다. 또는 자신도 모르게 죄책감이 깊은 곳에서 파편화된 조각처럼 마음대로 튀쳐나온다. 어느 쪽이든 이러한 죄책감은 음흉하며 자기-파괴적이고 목표나 관계를 파괴할 수 있다. 그것은 자존감을 낮게 하며 자기-비난으로 몰아간다. 해결되지 않은 죄책감은 행동을 정당화하기 위해서 자신뿐만 아니라 다른 사람에 대한 분노와 분개를 일으킨다. 예를 들어 수동적-공격적인 사람은 죄책감을 크게 느껴 직접 "아니요."라고 하지 못한다. 곧 이 죄책감은 분개가 쌓여 행동으로 표출된다. 분노, 분개, 그리고 죄책감은 에너지와 기쁨을 앗아가고 우울증과 병의 원인이 되며, 성공적인 삶과 충만한 관계를 이루지 못하게 한다. 유해한 죄책감의 특성을 요약하면 다음과 같다.

① **해로운 죄책감은 자기 책임이 아닌데 책임감을 느낀다.**

배우자의 행복에 대해서 지속적으로 걱정하는가? 아내가 말이 없고 걱정에 사로잡혀 있고 짜증을 부리면 불안하고 당황하는가? 십 대 아이들의 기분이 어떤가를 살피고 그들이 언짢아하면 뭔가를 해야 한다고 느끼는가? 이렇듯 다른 사람의 행복은 자신이 책임 질 수 없는 것인데도 유해한 죄책감은 책임이 있다고 느끼게 만든다.

② 해로운 죄책감은 책임이 없는 희생자(피해자)에게 책임이 있다고 느끼게 한다.

어린 시절 성적 학대를 받은 사람은 분명 범죄의 피해자이다. 그러나 대부분의 성인 생존자들은 무겁고 해로운 죄책감을 물려받는다. 그들은 학대가 어쨌든 자기 잘못이라고 생각하기 때문에 죄책감을 느낀다. 그들은 자신들이 불결하고 흠이 있고 깨끗하지 못하고 거룩하지 못하고 나쁘다는 생각을 가지고 살아간다.

③ 해로운 죄책감은 끊임없이 내어 주는 '고통스러운 영웅'이 되게 한다.

다른 모든 사람의 필요를 채우느라 자기 삶을 보낸다면 칭찬을 바라고 자신의 희생에 대한 인정을 받으려는 것 때문이 아닌가? 희생이 덕이라는 개념을 지지한다는 식으로 사람들이 말한 것들을 떠올려 본다. 그리고 자신이 들은 여러 가지 말들을 멈추어서 생각해 본다. "그는 성인이야! 그는 아내가 비판하는 모든 것을 참아 내." "그녀는 하고 싶은 일이 있어서 그것에 몰두하려는데, 딸이 아이들을 어린이집에 맡길 수 없다고 맡아 달라고 하자 그런다고 했어. 참으로 자신을 희생하는 위대한 할머니 아니야!" 이런 말들은 고통을 '선이나 위대함의 표시'라는 생각을 지원한다. 해로운 죄책감은 상처입기 쉬운 여정으로 이끌 수 있다. '내가 이 불쌍한 상황을 받아들이지 않으면 나는 좋은 사람이 아니야. 그렇게 하면 나는 어쨌든 상을 받을 거야.'

④ 해로운 죄책감은 진실을 왜곡하고 현실 상황을 보지 못하게 눈을 가린다.

삶에서 일어나는 모든 불행한 사건에 자신의 책임이 있다고 생각한다면 해로운 죄책감을 갖게 된다. 관계에 문제가 있을 때 모든 것이 자기 잘못이라고 믿게 만든다. 해로운 죄책감은 더 좋은 부모가 되면 아이가 더 성공할 수 있다고 믿게 만든다. 또한 자신이 좀 더 충실한 자식이었다면 어머니가 병에 걸리지 않았을 거라는 가정은 전혀 근거가 없는 막연한 생각일 뿐이다.

⑤ 해로운 죄책감은 그 모든 것을 해야 할 것처럼 생각하게 만든다.

해로운 죄책감은 자신이 참으로 좋은 사람인 것처럼 느끼게 하기 위해서 모든 것을 해야 한다고 생각하게 만든다. 이미 다른 의무들로 인해 에너지가 고갈되었는데도 반모임에서 봉사하는 데 동의한다면 해로운 죄책감이 덮칠 것이다.

수치심

죄책감과 수치심이 올바로 방향을 잡을 때

죄책감과 수치심은 심리적으로 깊은 상처를 남기는, 삶에 큰 영향을 미치는 극도로 불쾌한 감정이다. 죄책감은 자주 수치심과 후회와 혼동을 일으킨다. 이러한 차이점을 이해할 때 죄책감을 극복하는 방식을 찾아낼 수 있다.

우리는 각자 수치심에서 죄책감에 이르는 문화의 여정을 되풀이한다. 아이들은 건강하게 자라 더 넓은 사회에서 인정받을 수 있도록 훈련을 받는다. 이 목표에 도달하기 위해 내키지 않는 것들을 해야 한다. 처음에는 이러한 훈련이 바깥에서 오는데, 부모나 다른 보호자가 '여기서는 이렇게 행동해야 한다.'라는 지시를 한다. 이것은 소속되기 위한 규칙을 강요받는 것이다. 범법적인,

비윤리적인 또는 반사회적인 행동에 대해 수치심을 느끼는 감정은 사회적 규범에 부합하도록 하며 다른 사람에게 손해나 상처를 주지 않도록 도와준다. 가족과 이웃과 사회에 어울리는 방법을 배워 나가면서 아이들은 외부에서 주어졌던 이 가치들을 차츰 자기 것으로 내면화한다. 이제는 기대에 부응하지 못할 때 남들이 지적해 줄 필요가 없다. 남들을 실망시키던 것에서 자신을 실망시키는 것으로 이동한 것이다. 이러한 과정은 성장을 의미한다. 가족과 신앙과 국가의 최고 가치들은 자신이 받아들이고 내면화함으로써 건강하게 유지된다. 더 이상 단지 남들을 기쁘게 하거나 수치를 당하는 것을 피하기 위해 행동하지 않고 개인의 책임감과 양심에 따라 행동한다. 이것이 바로 수치심에서 죄책감으로 이동하는 것을 말한다.

이전에도 죄책감이란 개념은 있었지만 그 단어는 주로 잘못된 행동에 대한 법적 판결을 가리켰다. 곧 어떤 사람이 다른 사람에게 유죄 판결을 받은 경우였다. 이후 죄책감은 차차 내적 판단으로 잘못을 인정하는 것이 되었다. 이런 의미에서 죄책감은 자신의 잘못에 대한 개인적인 인식으로 일어나게 되는 것이다. 이것이 수치심에서 죄책감으로 이동하는 경로이며, 따라서 수치심과 죄책감은 인생을 인도하는 안내자가 된다.

한 중년 남자의 어린 시절 이야기이다. 그가 어렸을 때 부모는 다른 사람에게 피해를 주지 말고 다른 사람을 의식하며 살라고 했다. 그래서 늘 다른 사람들이 어떻게 생각할지를 염두에 두었다. 그래서 그는 생각하고 행동하는 기준이 외부 사람들이었다. 그러다 사춘기에 접어들어 자신의 정체성 문제를 고민하면서 외부 사람들이 아닌 자기 내면의 기준을 깊이 생각하게 되었다. 그래서 사람들의 평가가 아니라 자신의 내적 기준이 형성되었다고 말했다.

이것은 수치심이 다른 차원으로 연결된다는 것을 보여 준다. 곧 수치심이라는 사회적 양심은 개인의 양심으로 이동해서 자신에게 책임을 부여하는 죄책감이라는 감정과 연결된다. 죄책감은 수치심과 유사한 감정으로, 죄책감이 들 때 느끼는 감정 중 많은 부분이 수치심에서도 공유된다. 그러나 수치심이 상대적으로 관계적인 것으로 타인의 시선이나 평가에서 비롯된다면 죄책감은 개인의 내적 기준과 상태에 따른 것이라는 차이가 있다. 무엇보다도 수치심과 죄책감은 누구나 매일 느끼는 보편적인 감정이라는 것이다. 이 감정이 적절하게 방향을 잡을 때 실제로 유익하다.

사례에서 중년 남자는 사춘기에 정체성 문제로 고민했고, 그래서 내면의 기준을 형성하게 되었다고 이야기했다. 이것은 개인에게 상당히 중요한 문제이다. 다른 말로 "나는 누구인가?"라는 정체성 문제로 고뇌하는 것은 한 사람이 독립된 개체로서 자기 인생을 펼치기 위해 발돋움하기 위해서 씨름하는 것이라고 할 수 있다. 이러한 자신을 찾는 여정은 발달 단계에서 "아니요."라고 말하는 통과 의례기도 하다. 일생에 "아니요."라고 말할 수 있는 세 번의 기회를 갖는다. "아니요."라고 말하는 여정을 잘 통과하면 진정한 자신을 찾고 진정한 자기 삶을 살 수 있다. 그렇지 않다면 상호 의존이라는 관계에 매몰되어 자신을 잃어버리며 살아가게 된다.

두세 살 때 처음으로 "아니요."라고 말한다. "안 해." "안 먹어." 이 말을 어디서 배운 것일까? 갓난아기 때 아기는 자기 몸과 엄마의 몸을 구별하지 못한다. 점차 자의식이 생기면서 아이는 엄마라는 객체와 자기라는 주체가 다름을 알게 된다. 자신이 독립적인 존재라는 것을 알아채는 첫걸음이다. 이것은 발달 과정의 중요한 부분으로, 자기 자신이 되어 가는 위대한 발걸음이다. 아이가 "아니요."라고 말할 때 부모가 어떻게 응답하느냐에 따라 아이는 이 위대한 첫걸음을 성공적으로 내딛을 수도, 아니면 발달 과업에 실패할 수도 있다. 아이가 "아니요."라고 자기주장을 할 때 엄마가 "너는 그것을 하는 게 싫구나?" 또는 "너는 지금 이걸 먹기 싫은 거구나?"라는 식으로 반영을 하며 존중해 준다면 아이는 자기주장이 정당하다는 것을 앎과 동시에 자신의 존재가 받아들여졌음을 알게 된다. 그래서 건강한 자기주장 능력을 성장시키고 스스로를 존중할 수 있는 여정을 서서히 시작하게 된다. 반대로, 아이가 "아니요."를 할 때 부모가 원하는 것을 이루기 위해 아이를 윽박

지르며 의견을 무시하면 아이는 부모를 거스를 힘이 부족하므로 억지로 따르기는 하지만, 내면의 분노를 쌓아 두게 되고 자신의 뭔가가 잘못된 것은 아닌지 수치심을 발달시키게 된다. 첫 번째 '아니요'라는 통과 의례를 거치지 못한 것이다.

두 번째 '아니요'를 하는 시기는 사춘기이다. 이전까지는 부모 말에 순종하며 착한 아이로, 말 잘 듣는 아이로 자라다 갑자기 부모 말을 거역하거나 무시하려 든다. 때로는 부모를 밀쳐 내며, 아예 같이하려고도 않는다. 지금까지 하던 모든 '예'에 의문을 던지면서, 주로 쓰는 단어가 "아니요." "왜?"로 바뀐다. 모든 것을 거부부터 한다. 반항심이 최고조에 도달하는 시기이다. 이전에 아들은 아버지가, 딸은 어머니가 롤 모델이었는데, 이 관계가 여지없이 깨진다. 이때 부모가 자칫 힘으로 아이를 억압할 수 있다. 이 힘겨루기에서 승리한 부모는 거의 없다. 아이는 힘이 넘칠 뿐만 아니라, 부모 머리 위에서 놀 정도로 머리 회전이 빠르다. 사춘기 아이들이 모든 것에 "아니요."라고 말하는 이유는 "나는 누구인가?"라는 자기 정체성을 찾기 위함이다. 그 낯설고 거친 질문에 대답을 찾으려고 불안전한 싸움이 시작된 것이다. 자신을 찾는 이 처절한 고뇌의 여정을 걷지 않으면 부모가 만들어 놓은, 사회나 문화가 만들어 놓은 익명의 한 사람으로 살아가게 된다. 자신의 정체성을 형성하지 못하면 무엇을 해야 할지 모른다. 남의 인생을 대신 살아 주는 광대나 노예로 전락하고 주변에 떠밀려 억지로, 피동적으로, 열의 없이 살게 된다. 반면 이 반항 기질이 가족 안에서 그리고 사회 안에서 잘 받아들여지면 아이는 정체성을 확립하는 여정을 성공적으로 걷는 데 많은 도움을 받을 수 있다. 이 통과 의례를 잘 거치면 원가족에서 벗어나 자신의 인생을 살 수 있게 된다. 자신을 존중하고 스스로 자기 인생의 주인공이 되어 더 넓은 세계에서 자신을 펼쳐 나간다. 굳건한 내적 기준으로 앞으로 맞이할 험난한 인생 여정을 돌파해 나간다.

세 번째 '아니요'를 하는 시기는 중년기이다. 사춘기에 정체성 확립이 되지 않은 대부분의 사람들이 관계 속에 얽매여 주변 사람들을 지원하느라 여념이 없는 중년기를 거치면서 위기를 맞는다. 이것이 바로 그 유명한 중년기의 위기이다. 갱년기를 겪으면서 몸이 예전과 완전히 다른 상태가 되며, 지원하고 몰두한 대상, 곧 자식이나 사랑하는 사람이 점차 떠나면서 오는 '빈 둥지 증후군'을 겪는다. 자신이 정한 목표에 도달하면 행복하리라 생각했던 것들이 실제 도달해 보니 그렇지 않다는 것을 뼈저리게 체험하게 된다. "지금까지 나는 ○○의 □□이었는데, 그가 떠나고 난 후 나는 누구인가?"라는 물음 앞에 서게 된다. 이 정체성 질문 앞에 서는 중년기는 사춘기와는 상황이 많이 다르다. 질풍노도의 사춘기에는 엄청난 에너지를 갖고 씨름했는데, 중년기에는 어깨가 축 늘어진 채, 가슴이 뻥 뚫려 공허함에 처절하게 이 질문을 맞는다. 이것을 일종의 제2의 사춘기라 할 수 있다. 어린 시절부터 지금까지 해소되지 않은 많은 억압된 감정이 파편처럼 튀어나온다. 감정이 마구 솟아올라 하루하루 삶이 뒤죽박죽되어 현재를 살아가는지, 과거를 살아가는지 모를 정도로 혼란스럽다. 미래에 대한 불안이 엄습해 만성 불안 증세를 겪기도 한다. 예전에는 재미있던 것들이 전혀 재미가 없어 삶이 우울해진다. 더 자극적인 것을 시도해 보지만, 자괴감만 커질 뿐 마음에 뚫린 구멍을 메울 수 없다.

그러나 위기는 늘 기회라는 선물을 가져온다. 이 위기는 인생에서 참된 자신을 만날 수 있는 기회가 된다. 그리고 이 기회가 마지막이기에 더 드라마틱하다. 거짓 자기를 벗어 버리고 참된 자기를 만나는 여정이 그렇게 쉬운 것은 아니기 때문이다. 그래서 이 여정을 일명 위험을 무릅쓸 만한 여정이라 부른다. 이것은 거짓으로 꾸며진 것들에, 진짜보다도 더 진짜 같은 것들에 "아니요."라고 외치는 여정이기에 그렇다. 자신이 지금까지 허겁지겁 살아오면서 진짜인지 가짜인지도 묻지 않은 것들에 과감하게 "이게 진짜가 맞나?"라고 묻게 된다. 그래서 이 시기를 일명 내면의 참된 목소리를 듣기 시작하는 시기라고도 한다. "나는 누구인가?" "내 인생을 내가 살아 왔나?" "지위, 신분, 성공, 학위, 소유한 것, 이루어 놓은 업적들이 진정으로 나인가?"라는 질문과 씨름하는 것이다. 위험을 무릅쓸 만한 용기가 있는 사람만이 이 진짜 목소리를 듣기 위해서 고독 앞에 서게 된다. 이 마지막 질문에 답할 수 있는 기회를 놓친다면 앞으로 노년의 시기, 곧 최소한 30년을 고착된 청소년기로 살게 된다. 어디에도 소속되지 못한 채 늘 불안하게 분노하며 반항하며 우울하게 살게 된다. 어떤 사람은 과거로 회귀해 안락하고 익숙했던 둥지로 돌아가기도 하고, 어떤 사람은 일시적인 안정감을 주는 중독성 관계나 물질에 빠지기도 한다. 그들은 스스로 채울 수 없기에 "나를 따뜻하게 해 줄 누군가가 없나?" "나의 불안을 잠재워 줄 뭔가 획기적인 것이 없나?" "나를 구렁텅이에서 건져 줄 멋진 누가 나타나지 않나?"라며 늘 사방을 두리번거리다 실망하며 우울한 삶을 살게 될 것이다.

위기는 기회가 된다. 위기는 이 시기를 놓치면 일그러진 영혼의 모습으로 비참해질 거라고, 자신 외에 이 세상 누구도 그 공허함을 채울 수 없을 거라고, 자신이 겪은 고통을 스스로 껴안는 슬픔의 작업을 하지 않으면 그 고통이 파편화되어 나를 계속 찌를 거라고, 고통이 보석 자체는 아니지만 보석으로 변형될 수 있는 재료가 될 수 있다고, 어둠이 늘 존재하지만 어둠이 짙을수록 빛이 바로 옆에 있다는 신호이기에 내면의 어둠을 빛으로 통합시키라고 속삭인다.

죄책감과 수치심이 방향을 잘못 잡을 때

지나친 자의식으로 나 자신을 비난하고 너무 예민하게 수치심을 느껴요. 한 예로 나는 뚱뚱해요. 그래서 내 몸에 대해 수치심을 심하게 느껴요. 그리고 곧바로 나를 못났다고 비난하기 시작해요. 나를 수치스러워하고 미워하기까지 해요.

　죄책감이 불안과 정신적 고뇌를 낳는다면 수치심은 몸과 감정을 수반하는데, 신체조으로 더 심각하게 나타난다. 죄책감이 친사회적 방식으로 연결되면 아주 유익하며, 다른 사람과 상호 작용하도록 도와준다. 사람들에게 상처를 준 것을 걱정한다면 분노나 공격성을 자제하려고 노력할 것이다. 또한 위험스러운 강박 행동이나 중독 행동을 멀리할 것이다. 반대로 수치심을 경험한 사람이 나쁜 행동을 했을 대 다른 사람에게 자신의 결함을 숨기면서 고통을 차단하려고 애쓴다면 그 감정은 파괴적으로 작용할 것이다. 죄책감은 '불쾌하고 신경 쓰이지만, 수치심보다 덜 공격적'이다. 다시 말해 죄책감은 나쁜 행동에게 지시를 하지만, 수치심은 나쁜 행동을 넘어 존재 자체가 나쁘다고 지적하기에 더 고통스럽다. 그래서 수치를 당한 사람은 이 지시가 버거워 고통을 차단하려고 한다.

　다시 말해, 수치심은 우리가 해야 할 행동뿐만 아니라, 행동이 우리 존재와 연결되는 문제를 느낄 때 일어난다. 수치심은 훨씬 더 깊은 심리적 상처를 드러내는데, 행동뿐 아니라 핵심 자기를 단죄하기 때문이다. 우리는 수치심을 불러일으킨 사건에서 자신을 떼어 놓으려고 하거나 다른 사람들에게서 예상한 감시, 비판,

또는 경멸을 직면하는 것을 피하기 위해 숨거나 뒤로 빼면서 전형적으로 수치심에 대처한다. 결국 수치심은 더 깊게 내면화된다. 내면화된 수치심을 가진 사람들은 실수나 잘못을 할 때 쉽게 자기-비난, 불안, 우울증, 공황으로 고통을 받는다. 잘못과 거의 동시에 따라오는 두려움은 신체적 긴장, 스트레스, 빈번한 질병, 그리고 늘 안 좋은 일이 벌어질 거라는 만성적인 느낌에 사로잡히게 한다.

또한 수치심은 죄책감과 밀접한 관련이 있는 감정으로 죄책감이 다른 사람들을 염려하는 것에 비해 수치심은 더 내재적이다. 어떤 사람은 특정한 행동을 하지 않았는데도 수치심이 내면에서 끓어오른다. 반면에 어떤 사람은 내적으로 자신에 관해서 수치스럽다고 느끼지만, 정작 다른 사람들에 대해서는 어떤 죄책감도 느끼지 않는다. 이것은 아마 그 사람의 내적 대화의 기능으로 보이며, 다른 사람들에 대한 생각과 느낌을 추방하기 때문이다.

> 잘못이나 실수를 자주 하는데, 그럴 때마다 나도 모르게 그것이 지구에서 가장 나쁜 것이라는 생각이 들어요. 그 잘못으로 갑자기 나는 제일 나쁜 사람으로 둔갑하고, 모든 사람이 나를 좋아하지 않을 거라고, 조롱을 당하거나 거부당하거나 버림받을 거라고 생각해요.

죄책감은 수치심과 관련될 때 강력한 파괴적 감정이 된다. 죄책감이 수치심으로 잘못 이동하면 파괴적인 결과를 낳는다. '내가 그런 짓을 하다니 믿을 수 없어.'에서 끝나지 않고 '내가 문제가 있나? 그런 짓을 하다니 나는 분명 잘못된 사람이야.'로 몰아간다. 판단이 자신에 관한 것이 될 때 그것은 실제로 수치심이 된다. 자신이 해 온 모든 선한 것들을 즉각적으로 잊어버리고 그것이 내 존재 전체가 될 때까지 잘못한 것 하나에 초점을 맞춘다. 이것이 바로 잘못한 행동에 대해서 초점을 맞추는 죄책감에서 존재 자체가 잘못되었다고 하는 수치심에 이르는 경로이다.

사례의 주인공이 알아야 할 것은 실수나 실패를 할 때 자신의 존재 자체를 건드리지 말아야 한다는 것이다. 다시 말해, 자신을 근본적으로 경이로운 존재로 보아야 하며, 실패나 잘못 또는 결점은 존재의 핵심을 손상시킬 수 없다는 것이다. 자존감은 타인의 평가에 상관없이 자신을 사랑받을 가치가 있고 소중한 존재라고 평가하는 것이다. 존재 자체가 무한히 영원히 가치가 있다는 말이다. 이와 함께 부모에게 물려받았거나 학습으로 멋있게 만들었거나 자신이 지닌 장점에 감사한다. 그리고 자신의 결점들을 연마해서 보석으로 만든다. 장점과 단점 모두 소중한 자신의 일부이다. 실수와 실패로 너무 힘들다면 자기 작업을 통해 스스로 일어선다. 스스로 상처를 치유하는 작업을 한다. 오래 걸리겠지만, 그것이 스스로 자기 인생을 사는 길이고, 그래야만 성공과 행복이 따라 온다. 그래도 힘들면 상담을 받거나 심리 치료를 받아 본다.

3장

삶 속 죄책감

일상에서

죄책감이라는 부정적 감정은 어떤 사람에게는 해가 될 수 있다. 스스로 생각하기에 자신이 한 어떤 것 때문에, 또는 충분히 하지 않은 어떤 것 때문에 죄책감을 느낄 수 있다. 다른 사람에게 해를 끼쳤을 때 갖는 죄책감과 후회는 자연스러운 것이다. 이 느낌은 그 사람에게 사과를 하도록 작용하고, 잘못된 것을 고침으로써 미래에 더 잘하도록 촉구할 수 있다. 이것이 적절한 반응이다.

과도한 책임 의식

어머니가 부과한 과도한 책임 의식 때문에 죄책감을 가진 중년 남성의 이야기이다. 그가 대학에 진학할 때 어머니는 약대에 가기를 간절히 원했다. 어머니는 그의 바로 밑 여동생이 신체적 장애를 갖고 있었기 때문에 그가 약대에 들어가면 평생 여동생을 돌볼 수 있을 거라고 생각했다. 당시 그는 어머니가 내세우는 황당한 이유를 받아들일 수 없었다고 한다. 그리고 몇 가지 다른 이유로 그는 약대에 가지 않았다. 그는 당시에는 아무런 죄책감을 느끼지 않았지만, 여동생 때문에 가슴 아파하는 어머니를 보면 죄책감을 느낀다며 이렇게 말했다. "세월이 흘러 우리 모두 각자 삶의 자리에서 살기 바빴어요. 약대를 나온 동창이 버젓이 약국을 차려 건물을 사들일 때도 별로 부러워하지 않았는데, 여동생 때문에 무던히도 가슴앓이를 하는 어머니를 대할 때면 스멀스멀 올라오는 후회의 감정이 죄책감으로 자리를 잡았어요."

이 사례에서 주인공은 건강하지 않은 죄책감으로 고통을 받았다. 삶 전체에 걸쳐 그 죄책감은 폭군처럼 그의 인생을 지배하기 시작했다. 그는 가족의 맏이로서 맡은 임무와 부과되는 의무를 가급적 다하려고 노력하면서도, 늘 무언가 부족하여 좋은 일을 더해야 한다는 생각에 시달렸다. 그래서인지 1년에 반 이상을 감기와 만성 피로에 시달리며 살았다. 그가 느낀 이러한 죄책감은 자기 책임이 아닌데도 책임감을 느껴서 생긴 것이다. 다시 말해, 본인의 잘못이 전혀 아님에도 가족이나 자신과 관련된 일 때문에 다른 사람이 고통을 당하는 경우에도 죄책감을 느끼는 것이다. 그래서 자기 인생을 살지 못하고 늘 연관된 누군가에게 시간과 에너지를 빼앗기며 살아간다. 무엇보다도 우리는 자신의 삶을 살아가야 한다. 그러기 위해서는 하늘이 원하는 자신의 삶을 깨달아야 한다. 가정이나 문화가 만들어 놓은 기대에 맞추어 갈 필요가 없다. 이 세상에는 가짜가 많기 때문이다. 다른 사람의 기대에 부응할 필요도 없다. 다른 사람들은 이기적인 욕심에 꽉 차 있기 때문이다. 다른 사람과 세상이 내 기대에 부응해야 한다고도 생각하지 말아야 한다. 그들은 내게 빚진 것이 없다. 진실하게, 확신을 갖고 자신의 길을 걸어가야 한다. 치유되고 성숙해진다는 것은 자신의 삶에 책임을 지고 땅에 자기 발을 디디고 혼자가 된다는 것을 의미한다. 그렇지 않으면 인정받거나 쓸모 있는 인간이 되기 위해서 힘과 에너지를 소비할 것이다. 다른 사람이나 세상의 기대에 부응하느라 자신의 핵심을 가리는 상호 의존이라는 노예 상태로 전락할 것이다. 그러면 자신도 잃고 행복도 잃을 것이다.

인생 여정 중 가장 중요한 것은 자기 자신을 찾는 여정이다. 이 길은 너무 길고 험난해 중도에 거의 대부분 포기한다. 익숙한 세상에 길들여진 자신이 마치 진정한 자신인 듯 살아왔다. 이는 자신의 고유한 가능성을 구현하지 않고 세상이 시키는 대로 사는 것을 의미한다. 이 경우 삶의 주체는 자신이 아니라 익명의 세상 사람이다. 익명 속에 숨어 살아가는 것이 익숙하고 편하기에 그렇게 살아온 것이다. 그러다 어느 날 문득 자신이 평생 무엇을 위해서 살아왔는지 질문하기 된다. 그리고 공허함을 마주하고 세월의

무상함과 빼앗긴 자기 시간과 공간으로 허무함을 느낀다. 그제야 진정한 자신과 삶을 찾아 나서려니 어느덧 힘이 부친 노인이 되어 버렸다.

요약하면, 자신이 개입된 일련의 상황에 책임이 있다고 생각할 때 죄책감을 느끼는데, 다음은 왜 죄책감을 느끼는지에 대한 사례이다.

① 다른 사람의 문제에 책임이 있을 때
② 삶을 돌아보며 했던 말과 행동을 후회할 때
③ 비합리적인 믿음 때문에
④ 최근 사망한 어떤 사람에게 한 말이나 행동 때문에
⑤ 결코 책임이 없는 것에 책임을 느낄 때

사람에 따라 작은 실수나 별것 아닌 일에 가벼운 죄책감을 느낄 수도 있고 느끼지 않을 수도 있다. 그러나 자신의 선택으로 커다란 참사가 벌어진 경우에는 누구나 어떤 형태로든 죄책감을 느낀다. 다음은 그러한 사례이다.

한 중년 남자는 자기 잘못도 아닌데 과도하게 죄책감을 갖고 살았다. 아버지 연구소에서 화재가 나서 사람들이 많이 다쳤는데 그는 그 일에 대해 죄책감을 느꼈다. 그 시절 그는 아무것도 할 수 없는 어린아이였는데도 말이다.

본인은 아무 잘못도 하지 않았는데 죄책감을 가지고 살아가는 사람이 은연중에 많이 있다. 가령 대참사에서 혼자 살아남은 경우도 그렇다. 또 선한 행위를 하겠다는 생각이 들었는데, 그냥 넘겼을 때도 죄책감을 느낄 수 있다. 사례의 중년 남자가 죄책감에서 벗어나기 위해서는 근본적으로 아버지와 자신을 분리해서 고유한 삶을 살아야 한다. 누구나 삶은 소중하다. 정신 깊은 곳에는 깊은 무의식의 세계, 전체의 세계와 닿아 있다. 정신은 우주를 품고 있으며, 끊임없이 성숙을 지향한다. 그 지향이 바로 '개성화'이다. 살아 있다는 것이 결코 평범하지 않고 일반적이지 않다. 사례에서 주인공은 아버지와 구별된 삶을 살아야 삶 속에서 희열을 느끼고 생명이 경이롭다는 것을 체험하게 된다. 나비는 애벌레 상태에서 나비가 되는 꿈을 꾸고, 새들은 둥지에서 새가 되는 꿈을 꾼다. 인간은 참된 인간이 되고 싶어서 얼마나 긴 세월 인간의 꿈을 꾸는가!

부모를 요양원에 모신 것

부모를 집에 모시지 못한 것 때문에 죄책감을 가진 중년 남성의 이야기이다. 진행이 빠르지는 않지만 치매를 앓는 아버지 때문에 어머니는 너무 힘들다고 매일 전화로 그에게 하소연을 했다. 예를 들면 어머니는 화를 내며 이렇게 말했다. "자식 된 도리로 그래서야 되겠니? 왜 나만 이렇게 힘들게 아버지를 돌봐야 하니?" 그는 형제가 일곱인데, 그들은 어머니를 비난하면서 몇 번에 걸친 회의 끝에 결국 아버지를 요양 병원에 입원시키기로 결론을 내렸다. 어머니의 무언의 동의하에 아버지는 요양 병원으로 가셨고, 무슨 규정인지 적응 기간 한 달 동안은 가족 면회가 되지 않았다. 한 달 후, 이미 거의 의사 표시를 하지 못하시던 아버지는 두 달을 넘기지 못하고 돌아가셨다.

이 사례에서 주인공의 어머니가 "자식 된 도리로 그래서야 되겠니?"라고 말한 것처럼 대인 관계에서 사람들은 사랑하는 사람의 행동을 개선하기 위해 죄책감을 유발하는 전략을 사용하곤 한다. 죄책감은 사람들이 타인에게 능동적으로 유발할 수 있는 정서 중 하나이기 때문이다. 또한 낯선 사람은 죄책감을 유발하지 못하며, 그런 의미에서 죄책감은 철저하게 관계에 따라 달라지는 정서라고 할 수 있다. 죄책감 유발 전략의 핵심은 '당신이 나에게 지금 얼마나 큰 상처를 주고 있는지 보라.'는 것이다. 상대에게 전혀 관심이 없다면 그에게 상처를 준다는 사실에 신경을 쓸 이유가 없을 것이다. 반면, 상대방이 사랑하고 아끼는 사람이라면 상처 주는 일을 멈추기 위해 즉각적으로 행동을 변화시킬 것이다.

따라서 죄책감은 문화적 동물로서 살아가는 인간에게 적합한 정서라고 할 수 있다. 이 정서는 개인과 타인의 연결에 기반하며, 사람들이 타인과 좋은 관계를 유지하도록 돕는다. 이것은 거대한 체계 속에서의 연관성, 즉 문화에도 긍정적인 작용을 한다. 곧 죄책감은 사람들이 문화적 기준과 규칙을 따르도록 장려한다.

사례에서 자식들은 죄책감을 느끼고 이 죄책감은 세월이 흐른다고 사라지는 것이 아니다. 그 중년 남성은 아버지가 본인 의사와는 상관없이 가족과 헤어져 외로운 병실에서 아내와 자식들에게 얼마나 많은 상처를 받았을까 하는 생각에 남몰래 죄책감에 얼굴이 붉어지곤 했다. 특별한 방식으로 잘못했음을, 아버지와 자식이라는 중요한 관계가 상처 입었음을, 그에게도 많은 책임이 있음을 인식하였기 때문이다.

그가 죄책감을 느끼는 것은 결코 유쾌하지 않은 것이지만, 인간이기에 당연히 겪는 것이다. 다시 말해 죄책감이 그에게 자신이 한 행동을 후회하거나 무언가 잘못했다는 신호를 보내 이에 자연스럽게 반응한 것이다. 그러나 이 사례의 경우 자칫하면 자신을 괴롭히고 책망하는 자책감으로 이어질 수 있다.

상호 의존적인 자신의 모습

귀농해서 집을 짓고 살기를 열망한 70대 초반의 여성이 외따로 떨어진 곳에서 외로움을 느끼며 부부 관계를 재조명하고 자신을 돌아본 이야기이다. 그녀는 시골에서 살면서 이야기를 함께 나눌 친구도 없고 자주 외출하기도 어려운 환경에서 어쩔 수 없이 남편과 둘만 거의 24시간을 보낸다. 그녀는 그 상황을 다음과 같이 묘사한다. "반찬거리가 쉽지 않은 시골에서 삼시 세끼 상을 차리는 것도 신경 쓰이는데, 힘들게 상을 차려 놓고 남편을 찾으러 다녀야 하고 식사하라고 불러도 자기 하던 일 마무리하고 오다 보면 국과 밥은 식어 있는 경우가 많아 힘도 빠지고 화도 나요." "우리 부부는 무엇을 위하여 이런 식으로 사나라고 자문하며 생각해 보면 별 목적도 없는 것 같아 회한에 젖어요." 그녀는 수치심과 죄책감이 늘 반복되는 생활을 하고 있다며 자신이 의존 관계에 얼마나 길들여져 있는지를 본다고 다음과 같이 말했다. "배척할까 봐 겁내면서 남편을 기쁘게 하려고 끊임없이 애쓰고 통제에 길들여져 상호 의존 관계가 깊어져요." 그리고 과거를 회상하며 어렸을 때 할머니의 심술궂어 보이던 얼굴이 싫었는데 요즘 그 모습을 쏙 빼닮은 자신을 자주 발견하고 수치심을 느낀다고 말했다. "제일 싫어하는 얼굴이 인상 쓰고 소리 지르고 화내는 모습인데 내가 그런 얼굴을 하고 있는 것이 수치스러웠어요." 그리고 인상 쓰고 소리 질러 미안한 죄책감과 주위 사람들에게 창피한 수치심이 자신 안에서 일어난다고 했다.

이 사례와 같이 부부는 상호 의존 관계에 빠져들 수 있다. 상호 의존자들은 모호하거나 약한 경계선을 가지고 있다. 그들은 그들이 사랑하는 사람의 느낌과 문제에 책임을 느낀다. 그리고 다른 사람의 느낌과 문제로 스스로를 비난한다. 반면 어떤 상호 의존자들은 엄격한 경계선을 갖고 있다. 그들은 다른 사람을 차단하고 홀로 틀어박힌다. 다른 사람이 그들을 가까이하는 것을 힘들어한다. 때때로 사람들은 약한 경계선과 엄격한 경계선 사이를 오간다. 이 사례의 주인공은 "자신이 의존 관계에 얼마나 길들여져 있는지를 본다."고 표현한 것과 같이 서로 통제하며 살아간다. 그녀는 남편을 기쁘게 하려고 자신의 욕구와 필요를 우선시하지 않는다. 한 사람이 다른 사람의 문제에 끼어들고 걱정하며 통제하려고 한다. 이러한 행동을 일명 '동조하다'라고 표현하기도 한다. 이것은 상대방이 실수를 통해 교훈을 얻는 것을 방해한다. 또한 결코 상대방이 진실로 바닥을 경험하지 못하게 함으로써 고통을 통해 성장할 기회도 박탈한다.

상호 의존 관계에 있는 사람은 대부분 돌보는 데 여념이 없고, 그 과정에서 자주 자기 자신을 잃어버린다. 반대로, 건강한 관계에서는 비교적 균형을 이루며 동등하게 주고받는다. 부부는 함께 살지만, 스스로의 힘으로 살아야 한다. 독립적으로 살라는 말이다. 그래야 남에게 인생을 구걸하지 않고, 자기 인생을 스스로 멋있게 설계하고 가꾸며 만들어 나갈 수 있다. 가족끼리도 서로의 인생에 끼어들지 말아야 한다. 가족 안에서도 경계선을 잘 지키라는 말이다. 서로의 고유한 시간과 공간을 침해하지 않는다. 각자 인생의 주인공은 바로 자기 자신이다. 가족이라고 해서 자신의 인생을 다른 사람에게 팔아넘기는 우를 범하지 말아야 한다. 남의 인생에 개입하다 보면 자신의 책임이 불분명해지며, 다른 사람의 인생을 대신 살게 되고, 결국 무책임한 사람으로 전락하게 된다.

우리는 자라면서 다른 사람을 기쁘게 하려고 부단히 노력했다. 좋은 인상을 주기 위해서 얼마나 애썼던가! 여기서 다른 사람이란 부모나 손위 형제, 또는 교사나 또래 집단 등이다. 그러한 패턴이 몸에 배어 성인이 되어서도 참된 자기를 잃어버리고 살아간다. 자신의 삶은 온데간데없이 다른 사람을 기쁘게 하거나 좋은 인상을 주기 위해 전 삶을 투자한다. 여기서 불행과 우울이 시작된다.

그러나 점차 건강한 발달이 개인적으로 이루어지면 다른 사람들의 생각과 관계없이 자기 자신이 되어야 한다는 것을 깨닫는다. 그래서 자기 인생을 소중히 여기며 세상 어디에서나 스스로 설 수 있어야 한다. 이것이 힘이며 재산이다. 이런 사람은 매일 자신이 마주하는 고통을 통해 성장한다. 어떤 처지에서도 스스로 행복을 만들어 갈 수 있다. 세상 그 누구도 내 느낌과 행복을 책임져 줄 사람은 없다. 책임의 주인공은 바로 나다. 다른 사람이 아니라 나답게 나로, 내 인생을 살아야 한다.

자신의 인생을 스스로 책임져야 한다. 성숙해진다는 것은 자기 발로 인생을 걷는 능력이 증가한다는 것이며 자기 삶에 책임을 진다는 말이다. 성숙해야만 스스로 책임을 질 수 있다. 그때 고독에 익숙해지는 동시에 고독을 즐길 수 있게 된다. 외로운 사람은 바깥에서 책임져 줄 사람, 위로와 위안을 줄 사람을 찾지만, 고독한 사람은 스스로 책임을 지며, 자신의 인생을 개척하고, 자신에게 주어진 인생이라는 순례의 길을 자기 발로 걸어간다.

사례에서 또 하나 중요하게 생각해 볼 문제가 있다. 사례의 주인공은 얼굴을 찌푸리고 소리 지르는 인상을 싫어했는데 자신이 현재 그런 모습을 갖고 있다며 고뇌했다. 이것을 동일시라고 부른다. 동일시는 인간에게 정상적으로 일어나는 일종의 방어 기제이다. 자신보다 더 큰 누군가와 자신을 동일시하는 것은 안정감을 준다. 수치심이 많은 부모와 함께 사는 아이들은 그 부모를 동일시한다. 자신 안에 동일시된 모습을 보며 수치심과 죄책감을 계속 느끼고 그로 인해 지속적으로 고통받는다. 사례에서 주인공의 감정이 내면화되었다는 것을 알 수 있다. 감정의 기능이 특정한 상황에 멈춰 아예 특정한 성격 유형으로 굳어진 것이다. 다시 말해 특정 감정이 내재된 할머니에게 양육을 받아 그 감정을 학습하며 동일시해, 주인공도 나중에는 할머니처럼 된 경우이다.

내면화는 누구에게나 정상적으로 일어나는 과정이다. 아이들은 보통 자신을 양육하는 사람과 동일시하며 내면화한다. 사례에서 주인공은 동일시한 감정을 싫어하고 그런 자신을 스스로 미워

한다. 또 자신의 그런 모습이 가정 분위기를 망쳤다는 생각에 건강하지 않은 죄책감을 동반한 수치심을 갖는다. 그래서 싫어하는 그 감정과 스스로를 부정하면서 자신이 아닌 다른 사람의 모습으로 위장하려고 애쓴다. 이렇게 만들어진 모습은 언제나 인간 이상이거나 이하이다. 이러한 사람들은 완벽한 다른 사람으로 보이려 하고 때때로 성공하기도 한다. 거짓된 자기 모습이 굳어짐으로써 나중에는 자신이 누구인지도 모르게 된다. 거짓된 자기는 주로 완벽주의자로 나타나기도 한다. 이는 내면의 공허함을 밖에서 보상하려는 태도 때문이다. 그러나 밖에서는 어느 정도 보상이 가능하나 내면은 여전히 수치심으로 고통받는다.

작별 인사를 하지 못한 것

한 여성이 기억 속에서 외할머니를 떠올리며, 자그마하고 항상 밭일을 하셔서 얼굴은 검게 그을렸지만 이목구비가 반듯하고 단아함을 지닌 분이셨다고 묘사하며 말을 이어 갔다. 그녀의 외가는 시골이었지만 높고 큰 대문에 사랑채와 안채가 있었고 감나무가 있는 마당이 넓은 큰 기와집이었다. 집 앞에는 개울이 있어서 여름 방학 때 물놀이도 하고 즐거웠던 것을 기억한다. 방학 때마다 외가에 가면 외할머니는 반갑고 환한 얼굴로 그녀를 안아 주시면서 좋아하셨다. 그런데 어느 날 외할머니가 돌아가셨다는 소식을 들은 그녀는 그때의 심정을 이렇게 표현했다. "외할머니의 웃는 얼굴이 눈에 선한데 돌아가셨다니 믿을 수가 없었어요. 하고 싶은 말이 많았는데, 다시는 외할머니를 볼 수 없다니 너무도 슬펐어요."

외할머니가 그녀를 무척 사랑하셨기에 임종을 지키지 못한 상황을 안타까워한 사연이다. 마지막 작별 인사를 하지 못해 수십 년이 지난 현재까지도 마음이 아프고 죄책감을 느끼고 있었다. 임종 때 작별 인사를 하지 못해 죄책감을 안고 살아 온 또 다른 사람의 사례이다.

그가 수치심과 죄책감을 크게 느낀 대상은 가장 사랑했던 아버지이다. 돌아가신 아버지에게 큰 사랑을 받고 그 사랑을 돌려드렸어야 했을 시점에 그는 아무것도 한 것이 없었다는 게 그에게 계속해서 죄책감을 안겨 주었다. 특히 물질적으로 막대한 지원을 받고도 정작 아버지가 도움을 원했을 때 적절한 도움을 드리지 못했다고 생각하니 더 가슴이 아팠다. 그는 자신의 죄책감을 다음과 같이 표현했다. "돌아가실 때 가 보지도 못한 것이 한이 되어서 계속 죄책감에 시달리는 것 같아요."

그는 죄책감이 심해져 자신이 정말 불효자식이라는 생각이 들면서 수치심까지 생겼다고 했다. 또한 돌아가신 영혼을 위해 기도해야 하는데 게을러서 하지 못한 것에 대해서도 죄책감을 느꼈다. 이처럼 죽은 사람에게 '사랑한다.'고 말하지 못하거나 그를 얼마나 소중히 여기는지 말하지 못했을 때, 적절한 방식으로 작별 인사를 하지 못해서 죄책감이 생긴다.

과잉보호

한 아버지가 자신의 잘못된 판단으로 아이가 수술 중에 고생한 것에 대해 깊은 죄책감을 느낀 이야기이다. 그는 큰아이가 맹장염이 복막염으로 번져 수술을 받는데 포경 수술까지 받게 했고, 그 아이가 중학교 3학년일 때 사랑니를 발치하는데 어차피 뺄 거 한꺼번에 빼라며 반나절 입원을 시켜 사랑니 4개를 한꺼번에 뽑게 했다. 그는 자신이 잘못 판단해 아이를 더 고생시킨 것 같아 가슴이 아팠다. 그는 자신에게 모든 책임이 있다며 미안해했다. 그리고 어리석은 자신을 용서하지 못하고 자책했다.

그는 '내가 좀 더 똑똑했더라면 아이가 더 잘되었을 텐데.'라고 가정하며 평생 죄책감을 안고 살았다. '어떻게 나는 이렇게 미련하고 생각이 없을 수가 있을까?'라는 식으로 말이다. 미련하고 어리석은 자신 때문에 아이만 고생시켰다는 생각이 들 때마다 아이에게 미안했다. 자녀 문제는 늘 그렇다. 이 죄책감은 이후 삶에서도 아이에 대한 모든 일에 죄책감이 들게 했다. 그래서 그는 아이가 무엇을 하고 싶다고 하면 무조건 믿고 지원해 주었다. 직업이 있어야 자기만의 삶을 충실히 살 수 있다고 믿었기에 물려줄 돈은 없어도 하고 싶다는 일은 뒷바라지해 주고 싶었다. 여기까지는 별로 문제가 없었다. 그런데 중요한 것은 이러한 그의 태도가 아이를 무책임한 존재로 만들었다는 것이다. 아이가 연예인이 되고 싶다고 해서 '이 길인가 보다.' 하고 6개월 학원비를 대 주면 한 달 열심히 다니고 곧 흐지부지해졌다. 배우는 것 자체는 나쁠 게 없다는 생각에 아이가 배우고 싶다는 것마다 기회를 주고 또 주었지만 아무것도 제대로 끝까지 하지 못했다. 사실 그는 현실적으로 경제적 부담이 컸지만 감내하며 아이를 밀어 주었다. 그는 자신 때문에 아이가 기회를 놓칠 봐 두려웠고 부모 입장에서 당연히 그래야 한다고 생각해서 그랬던 것이다.

전형적인 과잉보호 문제이다. 과잉보호로 아이가 의존적인 성격이 된 것에 부모는 또 다른 죄책감을 갖게 된다. 아이 또한 부모가 힘든 상황에서 지원해 주었는데도 자신이 목적한 바를 이루지 못했기 때문에 부모에게 미안한 마음을 갖고 이는 죄책감을 낳는다. 아이는 매번 실패했기에 주눅이 들고 자신감을 잃어버리며 자존감 또한 낮아진다. 매사에 망설이게 되고 새로운 도전을 시도하느니 차라리 안 하는 것이 낫다고 생각한다. 새로운 시도는 위험을 자초하는 것이고, 잘못하면 부모의 마음을 상하게 하는 것이기에 스스로 움츠러든다. 한마디로 소심해진다. 아이는 부모의 이 건강하지 않은 죄책감에서 벗어나기 위해 소심증으로 방어한다. 인간의 본성은 근심의 경우와 마찬가지로 죄책감에서 오는 심적 고통을 덜어 내는 나름의 방법을 가지고 있다. 공포증으로 근심의 범위를 제한하듯이 죄책감은 '소심증'scruples으로 범위를 한정한다. 소심증이란 말은 "날카로운 작은 돌조각"이라는 뜻의 라틴어 'scrupulum'에서 유래한다. 조그만 돌멩이 하나가 어쩌다 신발 속에 들어가면 걸을 때마다 뜨끔뜨끔한 아픔을 느끼게 한다. 이와 같이 소심한 사람은 인생길을 걸을 때 자기 상상의 죄로 인해 간헐적 고통을 겪는다. 이들은 보통 가상의 잘못이나 죄에 집중한다. 결과적으로 소심증은 항상 나타나는 것이 아니라 간헐적으로 나타나기 때문에 극도의 죄책감을 가진 사람을 일상의 고통에서 잠시나마 벗어나게 해 준다.

이와 달리 아이의 죄책감은 엄격하고 거친 부모에 의해서도 생긴다. 그러한 부모는 엄격함이 품행 단정한 아이를 만든다고 주장한다. 그들은 아이를 훈육한다는 미명 아래 폭발적인 분노나 개인적 짜증을 정당화한다. 이러한 감정의 폭발이 부모의 행동 방식이 된다면 아이들은 '훈육'의 후유증인 죄책감을 일생 동안 떨칠 수 없을 것이다. 엄격하고 거친 부모가 '훈육'을 한답시고 감정을 폭발하고 분노하면 자녀는 감정 전이(과거의 특정 감정이나 날 때부터 무의식에 새겨진 정서를 현재의 다른 대상에게서 다시 체험)로 인한 죄책감으로 평생 고생하게 된다.

그러면 자식 입장에서 학대하거나 방임한 부모를 어떻게 보아야 할까? 분명한 것은 우리가 지닌 어떤 문제나 많은 문제가 아동기의 학대 또는 방임에 의해 생기지만, 그렇다고 부모를 원망하거나 비난하는 것은 아무런 도움이 되지 않는다는 것이다. 문제를 있는 그대로 보고 치유 작업을 하는 것과 원망하거나 비난하는 것은 완전히 다르다. 부모 또한 희생자의 희생자이다. 부모나 안내자가 그들이 당한 방식으로 행동한 것은 대부분 무시된 유년기 양육 때문이며, 또한 그들의 부모가 똑같은 외상을 경험했기 때문이다. 부모 밑에서 자라서 무슨 일이 있었는지 알고 있지만, 우리는 전체 이야기를 모른다. 어머니와 아버지 사이의 역기능적 관계를 목격했다면 그들이 그들의 부모에 의해서 감정적으로 학대받거나 무시되었을 가능성이 크다. 그래서 자신이 자신을 재양육해야 한다. 19세 이후에는 자신이 자신의 부모가 되어 스스로를 양육하고 보호해야 한다는 말이다. 스스로 자기 자신과 인생을 책임지지 못하면 지금(그리고 미래에) 충분히 스스로에게 좋은 부모가 될 수 없기에 자신을 돌볼 수 있는 다른 사람을 찾아 나설 것이다. 아니면 물질적인 어떤 것이 자신의 공허함을 채워 줄 거라며 찾아 나설 것이다. 결국 그런 것들이 자신을 채워 줄 수 없음을 깨닫게 될 때는 이미 아무 힘도 없고 늙고 추한 모습으로 낙담

하고 절망하며 우울한 삶을 살게 될 것이다.

친정어머니의 기대

자신에게 중요한 사람의 기대치를 채우지 못했을 때 느끼는 죄책감의 사례이다. 한 여성의 아버지가 돈에 인색하고 도박 문제로 집안을 자주 시끄럽게 했다. 돈 문제는 사업이 자꾸 기울어 어쩔 수 없었다 하더라도 도박은 가족 모두에게 불행을 안겨 주었다. 어린 시절 그녀는 도박에 빠져 가족을 돌보지 않는 아버지의 인정을 받으려고 애썼지만, 성공한 적이 거의 없었다. 성인이 된 그녀는 결혼 상대자로 아버지와 다른, 돈에 까다롭지 않고 도박으로 속 썩이지 않을 남자를 찾았다. 그녀는 그가 서울 명문대를 나온 줄 알고 교제를 시작했는데 전문대를 나왔다는 말에 내심 고민을 많이 했다. 하지만 당시 그녀는 그런 이유로 헤어지려니 죄를 짓는 것 같았다. 그런데 더 큰 문제는 그렇게 고민해서 결혼한 남편에게 알코올 의존증이 있었다는 것이다. 그녀는 상황을 이렇게 묘사했다. "학벌을 이유로, 또 가정 형편과 나이 차이 등 온갖 이유를 들어 결혼을 반대했던 어머니는 실망과 분노에 차 몸져누우셨어요."

사례에서 여성은 어린 시절 자신을 인정해 주지 않고 감정적

교류가 없던 아버지가 싫어 정반대의 사람을 찾았다. 그런데 우리는 귀소 본능을 가지고 있기 때문에 좋은 사람이 아니라고 느끼게 한 사람의 인정을 받으려고 한다. 여기서 귀소 본능은 지리적인 것이 아니라, 우리 마음속에서 작용하는 원가족에서 포기한 것처럼 보이던 것을 현재의 삶에서 재구성하고자 애쓰는 것을 말한다. 무의식적으로 아동기의 집으로 돌아갈 방법을 찾기 때문에 현재 삶에서도 똑같이 부정적 상황이 반복해서 나타난다. 파괴적이고 고통스러움에도 원가족의 상황을 재현하려는 원초적 욕구는 반복 강박이라고 할 수 있다. 사례에서 그녀는 이러한 반복 강박으로 아버지와 같은 (도박은 아니지만 알코올) 중독 증상이 있는 남자를 만난 것이다.

여기서 주인공의 어머니를 살펴보자. 그녀의 어머니는 딸의 멋진 결혼으로 남편으로 인해 상처받고 일그러진 자신의 결혼 생활을 만회하고 보상받아 인생 역전이라도 이루려고 했으니 그럴 만도 하다. 그러나 딸은 결혼을 집을 떠날 절호의 기회로 삼았고, 어머니의 모든 기준을 뒤로하고 그 남자와 결혼했다. 그런데 그녀의 마음 깊은 곳에는 늘 어머니가 있었다. 반대하는 결혼을 했다는데 대한 미안함, 어머니를 기쁘게 해드리지 못했다는 죄책감이 마음 한편에 자리 잡았고, 자신과 어머니의 인생이 꼬여 전혀 행복하지 않은 삶을 산 것이다.

이 경우는 전형적인 건강하지 않은 죄책감이라고 할 수 있다.

사례에서 주인공이 어머니에게 하는 것처럼 때때로 우리는 자기 인생을 살지 못하고 소중한 누군가를 지나치게 염려해 자신을 희생한다. 무익한 희생과 봉사를 자처할 때도 많다. 다시 말해, 과거에 얽매여 현재를 살지 못하고 지나치게 자기를 희생하고 다른 사람을 섬기려고 할 때가 많다. 이러한 희생과 봉사가 건강한 내면에서 나왔으면 가정이나 공동체를 살리고 그렇게 하는 자신을 기쁘고 행복하게 만들겠지만, 그것이 죄책감에서 나왔기에 다른 사람과의 관계를 오히려 비정상적으로 만들고 자기 자신을 비참하게 만든다.

또한 건강하지 않은 죄책감을 갖고 있는 사람은 죄에 대하여 매우 민감하다. 다른 사람의 죄나 스캔들에 과민 반응을 보이거나 지나치게 너그럽다. 즉 공평하게 대응하지 못한다. 어떤 경우는 죄지은 사람을 무조건 덮어 주고, 어떤 경우에는 작은 죄에 대해서도 지나칠 정도로 정죄하고 문제시한다.

죄책감을 가진 사람의 또 다른 문제점은 정당한 비판도 받아들이지 못하고 심하게 반발한다는 것이다. 열심히 잘하다가도 다른 사람이 조금만 자신에 대하여 비판하면 아주 심하게 반발하거나 낙담한다. 이것은 일종의 거절로 인한 상처이자 두려움의 증상이다. 하지만 가장 주된 이유는 죄책감이다. 사소한 비판에 자신이 겨우 세워 놓은 자기-이미지가 깨지자 그런 식으로 반응하는 것이다.

아버지의 마음

한 70대 여성이 아버지에 대한 기억을 떠올렸다. 학생 때 그녀는 늘 아버지를 창피해했다. 그녀가 초등학교 5학년 때 일이다. 점심시간이 끝날 무렵, 친구들이 그녀에게 아버지가 오셨다고 전해 주었다. 깜짝 놀라 보니 술을 한 잔 하신 아버지가 벌건 얼굴로 교실에 들어왔다. 그녀가 가장 싫어하는 아버지의 모습인 채로 말이다. 그녀는 그때의 심정을 이렇게 표현했다. "나는 아버지가 너무 창피해서 책상에 엎드려 막 울었어요. 아버지는 아무 말도 하지 못하고 그냥 교실 문을 나갔어요."

사례의 주인공은 이 기억을 떠올리며 아버지에게 죄책감을 느꼈다. '그때 아버지 심정이 어땠을까?' 아버지는 장녀인 자신을 항상 신경 쓰셨는데 자신은 아버지를 받아들이지 못했기 때문에 마음이 아팠다. 그녀는 또 빛바랜 사진 속에서 중학교 교복을 입고 못마땅하다 못해 경멸하듯 아버지를 바라보고 있는 자신과 어깨가 축 늘어진 채 맥없이 허공을 바라보는 아버지의 모습을 바라보며 눈물을 글썽였다. 그녀가 사진 속 장면으로 돌아간 듯이 이야기했다. "아버지는 그날도 어김없이 술을 드시고 벌게진 얼굴을 하고 있었어요. 거듭되는 사업 실패로 무일푼이 된 아버지에게 술은 유일한 도피처였어요. 나는 그런 아버지를 못마땅한 눈초리로 쳐다보았어요." 그녀는 아버지도 그 사진을 보셨을 거라며 몸 둘 바를 몰라 했다. 또 하나 그녀가 아버지를 싫어한 이유는 평소 조용히 집에만 계시던 분이 술만 드시면 동네 이곳저곳을 다니며 장녀인 자신의 이야기를 했기 때문이다. 게다가 더 싫은 것은 아버지가 외도까지 했다는 사실이다. 그녀는 나중에서야 아버지가 그럴 수밖에 없었던 아버지 안의 슬픔, 상실감, 외로움을 알았다. 아버지에 대한 연민과 죄책감에 그녀는 하염없이 울었다.

여기서 그녀가 할 일은, 아버지가 과거에 그녀에게 주지 못한 것을 지금 자신에게 주는 것이다. 다른 사람이나 자기 자신이 주지 못한 것을 지금 자신에게 준다. 다시 말해 과거 부모에게 기대했던 것들을 지금 스스로 자신에게 주라는 말이다. 부모가 어떻게 해야 하는지 가르치지 못했더라도 지금 스스로 할 수 있다. 그렇게 할 수 있는 자신의 능력을 믿어야 한다. 이 믿음은 자기 자신을 가치 있는 삶으로 이끈다. 또한 배우자나 자녀처럼 소중한 사람에게서 받고 싶은 것을 자신에게 준다. 그러기 위해서는 현재 성인인 자신이 베풀 수 있는 내적 능력을 지니고 있어야 한다. 자신의 필요와 욕구를 채울 수 있는 유일한 사람은 바로 자기 자신이다. 그 능력을 믿고 작은 것부터 자신에게 준다. 이 믿음을 상실할 때 다른 사람에게 의존하고, 자기 인생과 남의 인생을 비교하며 부러워하며, 과거에 기대했으나 그것을 저버린 사람들을 원망하게 된다. 이것은 현재의 삶을 무기력하고 우울하게 만드는 원인이 된다.

양육 과정

　사람은 성장하면서 환경과 문화 그리고 해야 할 일이나 임무에서 본받을 만하거나 모범으로 삼을 롤 모델을 찾는다. 그것은 앞으로 살아갈 믿음 체계를 형성하는 데 커다란 역할을 한다. 우리는 성인기로 가져온 이 믿음 체계를 기준으로 살려고 애쓰면서 자기 자신을 판단한다. 이 가운데 어떤 것은 시대에 뒤떨어지고 부적합하며, 아동기 통제를 위해 삶으로 주입된 것이다. 죄책감을 느끼기 전에 이 믿음 체계가 잘못된 것은 아닌지 질문해야 한다. 또한 말이나 행동이 잘못되었다고 믿는다면 그것은 아동기에 전해진 행동 강령으로 세뇌되었기 때문일 수 있다. 그리고 오늘날 문화에서 우리의 행동 강령이 구식이고 부적합할 수 있기 때문에 우리는 세뇌된 것들을 시험해야 한다. 다시 말해, 아동기 동안에는 무엇이 옳고 그른지를 보여 준 롤 모델에게 의존하고, 이러한 질문과 다른 질문에 대한 대답이 믿음 체계를 형성했는데, 주입된 정보가 잘못되거나 구시대적이라면 어떻겠는가? 무슨 일이 일어나든지 우리는 여전히 그것을 믿고, 질문 없이 불현듯 떠오른 것을 받아들이고, 그것을 고수하고 그것이 옳다고 믿는다는 것이다.

이러한 질문은 죄책감에도 적용된다. 적정한 죄책감은 아동의 건전한 정서 발달에 필요하지만 엄격한 가정 분위기, 부모의 지나친 지배 성향 등에 의한 과도한 허구적 죄책감은 아동의 건전한 정서 발달을 저해하기도 한다.

건강한 죄책감과 건강하지 않은 죄책감

아동기에 적절한 죄책감 체계는 사랑받고자 하는 욕구에서 발전된다. 다음 두 가족의 사례가 이것을 잘 설명한다. 한 가족의 아이는 적절한 죄책감을 교육받은 반면, 다른 가족의 훈육 방식은 아이를 쇠약하게 하는 죄책감과 수치심을 불러일으켰다. 두 가정의 이야기를 자세히 보자.

민호는 다섯 살이고 민재는 세 살이다. 형제는 사이가 좋은 편이고, 때때로 건강한 선의의 경쟁을 한다. 동생 민재가 형 민호의 장난감을 갖고 놀자 민호가 소리를 지르며 화를 냈다. 민호가 달려가 민호를 바닥에 밀어뜨리며 장난감을 빼앗으려고 하지만 민재는 장난감을 꼭 쥐고 놓지 않았다. 민호가 동생을 때렸다. 보다 못한 어머니가 개입하자 민재는 큰 소리로 울기 시작했다. 형이 다시 동생을 때리려고 하자 어머니는 그의 작은 손을 잡으면 말했다. "동생을 때리면 안 돼. 그건 나쁜 짓이야!" 그러자 형 민호도 울기 시작했다. "민재가 내 장난감을 가졌단 말이에요. 쟤는 늘 내 장난감을 가지려고 해요." "알아." 어머니가 말했다. "동생이 네 장난감을 갖고 놀려고 하니까 짜증이 난 거지!" 그런 다음 어머니는 장난감이 쌓여 있는 곳으로 동생 민재를 데리고 가서 장난감 중에 하나를 그에게 주었다. "민재야, 이게 너의 장난감이지? 형 것은 돌려주자." 어머니가 형에게 장난감을 돌려주자 동생 민재는 울기 시작했다. "네가 형 장난감을 갖고 싶은데 갖지 못해서 짜증스럽다는 거 엄마는 알아. 그렇지만 형 걸 갖는 것은 옳은 일이 아니야." 민재는 계속해서 울었지만, 어머니는 두 형제를 위로하며 말했다.

잠시 후 민호가 말했다. "엄마, 괜찮아요. 민재가 이거 잠깐 갖고 놀아도 돼요. 내가 동생보다 나이가 많잖아요. 같이 갖고 놀면 돼요." 어머니는 민호가 동생과 같이 갖고 놀기로 해서 기쁘다고 말하며, 동생이 그런 행동을 하면 민호가 충분히 짜증이 날 만하다고 말했다. "네가 어린 동생 때문에 힘들다는 것을 엄마는 잘 알고 있단다. 네가 도움이 필요하면 엄마에게 알려 주렴. 그런데 동생을 때리는 것은 나쁜 거지!"

민재와 민호 둘 다 부모에게 일련의 경계선을 설정하는 법을 배우고 있다. 그들은 자신의 느낌이 '괜찮은' 것이고 이해할 만한 것이지만, 그것을 폭력으로 표출하거나 장난감을 빼앗는 것은 옳지 않다는 사실을 배운다. 아이가 부모를 신뢰하고, 부모가 정해 놓은 경계선을 긍정하고 이해할 때 자기 자신을 신뢰하는 법 또한 배울 수 있다. 부모가 아이들을 이해하고 배려하면서 경계선을 명확하게 설정할 때 아이들은 자기 자신의 경계선을 설정할 것이다. 죄책감은 고통스럽게 배운 규칙과 한계, 그리고 가치에서 온다. 어머니는 자녀가 내면의 자기self보다 행동이 변화되기를 바라면서 경계선을 설정했다. 결국 민호와 민재는 부드럽게 그들 자신에게 경계선을 설정하는 것을 배우게 된다. 아이들은 어머니에 대한 애착과 인정과 사랑에 대한 욕구 때문에 경계선을 설정하는 법을 배우며 양심을 발전시켜 나갈 것이다. 다음은 정반대의 사례이다.

건우와 건영은 불안과 수치심을 조장하는 죄책감을 배웠고, 존재의 가치를 추락시키는 수치심을 경험했다. 일곱 살 건우와 다섯 살 건영은 배가 고팠다. 어머니는 아이들에게 주려고 주방에서 토스트를 굽고 있었다. 어머니가 잘 구워진 토스트가 담긴 접시를 식탁에 놓자, 아이들이 달려들었다. 첫 번째는 늘 형 건우 차지였다. 동생은 형이 먼저 잡은 것을 빼앗으려 했고 그래서 한바탕

소동이 벌어졌다. 계속 토스트를 만들던 어머니가 야단을 쳤다. "야, 이 녀석들아, 그만두지 못해! 계속 그러면 혼날 줄 알아." 옆에 있던 아버지도 끼어들며 아이들에게 소리쳤다. "이런 놈들이 있나, 당장 동생에게 주지 못해!" 건우가 신경질을 내며 말한다. "이건 내 거예요. 엄마 아빠는 왜 늘 건영이 편만 들어요?" "너는 나중에 먹어도 되잖아. 너는 다 큰 애가 어린 동생하고 똑같이 그러니." "싫어요! 왜 나만 늘 야단을 맞아야 해요." 건우는 소리를 지르며 토스트가 담긴 접시를 더 꽉 쥐며 있는 힘을 다해 잡았다. "야, 이 녀석아, 너는 너밖에 모르니! 얼른 동생 줘. 싫으면 네 방으로 가. 왜 늘 이렇게 성가시게 하니?" "안 줄 거예요. 왜 나한테만 그래요?" 건우는 악을 썼고, 건영이가 접시를 빼앗으려 하자 더 꽉 잡았다. 그들이 옥신각신하다가 접시를 바닥에 떨어뜨렸다. 그러자 아버지가 더 큰 소리로 야단쳤다. "못된 녀석들! 하는 짓들 봐라. 토스트가 더러워져서 어떻게 먹니? 너희들이 혼이 나 봐야지." 어머니도 화를 내며 말했다. "하는 꼴들 하고는… 내가 너희 때문에 말라 죽겠다. 어디 그런 식으로 해 봐라. 국물도 없다. 지금 당장 네 방으로 가. 오늘 저녁은 없어." "싫어요. 빵 먹고 싶어요." 건우는 바닥에 떨어진 토스트를 바라보며 울음을 터뜨렸다. "왜 맨날 나만 갖고 그래요?" 아버지는 건우의 팔을 움켜잡고 등을 찰싹 때렸다. 그런 다음 그를 강제로 끌고 가서 방에 밀어 넣었다. 방에서 건우는 서럽게 울면서 큰 소리로 말했다. "나는 내가 싫어! 나는 바보 같아!"

아버지는 새로 만든 토스트를 받아서 건영에게 주었다. 1시간 후 건우가 자기 방에서 나왔다. 그는 어머니에게 사과했다. "죄송해요. 저는 나쁜 아이에요." 어머니는 떨어진 토스트를 건우에게 주며 말했다. "받아. 더러운 거 털어 내고 먹어. 철없는 녀석. 너는 혼 좀 나야 해."

이 사건을 통해 건우와 건영이가 배운 것은 무엇인가? 건우는 자신의 행동이 나쁜 것이며, 나아가 자신의 존재가 나쁘다는 것을 배웠다. 그는 자신이 이기적이고, 귀찮은 녀석이고, 사랑스럽지 않다는 것, 그리고 집안 분위기를 망쳤다는 것을 배웠다. 그는 삶이 공정하지 않고, 그래서 짜증이 나 화를 냈는데, 그러한 감정 자체가 나쁜 것이라고 배웠다. 그는 성가실 때에는 다른 사람을 때리거나 자기 자신을 때리는(우울해지는) 것을 배웠다. 그는 동생에게 주는 것을 배웠는데, 그것은 동정심에 의한 것이 아니었다. 그는 적합한 죄책감을 배우지 못하고 자기 존재를 무가치하게 여기는 수치심을 배웠다. 건우와 건영 둘 다 그들 존재 자체가 수치스럽다는 것을 배웠다. 그들은 자신들을 돌보는 어른의 일을 망치는 '나쁜 아이'인 것이다.

또한 동생 건영은 다른 사람의 물건을 가져도 괜찮다는 것을 배웠다. 그는 자신의 행동에 대해 경계선을 설정하는 법을 배우지 못했고, 그로 인해 더 과격한 행동을 저지르고 벌을 받고 나서야 비로소 그것을 배우게 될지도 모른다. 내적 경계선이 없는 아이는 두려움을 느낀다. 부모를 믿을 수 없는 아이는 자신을 신뢰할 수 없다. 내면의 경계선이 없는 아이는 지속적으로 수치심과 두려움을 느끼고 내적 통제력을 잃고 만다.

    이러한 일이 계속된다면 건우는 우울증에 걸릴 것이다. 그리고 성인이 되어서 동료를 때릴 수도 있고, 그로 인해 체포될 가능성도 다분하다. 그는 일 처리가 공정하지 않을 때 내면의 분노를 느낄 것이다. 결혼해서 아이들을 키울 때 아이들이 뜻대로 되지 않으면 화를 낼 것이고, 화를 낸 자신에 대해 수치심을 느끼고, 수치심에 대한 무기력으로 인해 다시 분개할 것이다. 그는 아이들이나 아내와 싸우고, 그다음에는 죄책감을 느끼며, 또 그다음에는 그로 인해 수치심을 느낄 것이다. 아니면 수치심, 분노, 죄책감을 느끼고 즉각적으로 분노가 자신을 향하는 우울증 형태로 바뀔 수도 있다. 그는 자신의 가치 체계를 깼을 때 오는 내적 경계선을 발전시킴으로써 생기는 죄책감이 아니라, 자기 존재 가치를 추락시키는 수치심을 느끼는 악순환을 겪으며 고통 속에서 삶을 살게 된다.

잘못된 양육 방식으로 인한 부모의 죄책감

그녀는 결혼 생활이 원만하지 못했고, 그래서 가장 피해를 본 대상이 자녀들이라고 생각하며 고통스러워했다. 아이들이 희생양이 되고 있다고 생각한 그녀는 아이들을 프랑스로 유학을 보내기로 결정했다. 이것은 일종의 도피였다. 화목하지 못하고 사랑이 없는 집보다는 여러 가지로 아이들에게 유익할 것이라는 막연한 기대감을 갖고 영화에나 나올 듯한 그런 학교로, 아직 철도 들지 않은 어린아이들을 유학이란 명목으로 프랑스로 보냈다. 주위 사람들이 도시락을 두 개씩 싸며 입시 지옥을 겪는 동안 그녀의 가족은 1년에도 몇 차례씩 하늘에다 돈을 쏟아부었다. 주변의 부러움과 시샘을 받으며 요란하게 유학을 보냈건만 기대는 빗나갔고 오히려 사춘기 아이들은 심적 부담감과 좌절로 또 다른 문제점을 보이면서 부모 자식 사이의 골만 깊어졌다. 완벽주의자인 남편은 기대와 믿음이 무너지자 아이들에 대한 실망감과 배신감에 점점 말수가 적어지더니 결국은 포기할 정도로 아예 침묵과 방임으로 일관했다. 성실하게 열심히 돈을 벌며 노력했던 가장과 아이들 사이에서 어떻게 긴장을 없애야 할지 중간에 서 있던 그녀 역시 혼란스럽고 막막했다. 그 후 심각한 문제가 발생할 때마다 자신의 생각과 선택이 너무나 어리석었음을 깨달으며 그녀는 심정을 토로했다. "아이들 인생에 단 한 번뿐인 소중한 시기를 쓰레기통에 구겨 넣어 버린 듯해 엄마로서 후회와 자책감이 몰려 왔어요. 낯설고 머나먼 이국땅에 아이들을 방치한 채 한가하게 운동이나 하며 소일했던 내가 얼마나 이기적이었나 하는 생각에 너무나 괴로웠어요."

사례의 주인공은 부모로서 자신이 쓸모없고 가치가 없다고 느끼며 절망감의 포로가 되어 버렸다. 자신의 잘못된 판단으로 사랑하는 아이들의 삶의 중요한 시기를 무책임하게 방치했다는 죄책감이다. 죄책감으로 자신이 '얼마나 어리석고 무능하고 나쁜 엄마인가?'라는 쪽으로 스스로를 몰고 갔다. 곧 죄책감은 '인생의 실패' 쪽으로 잘못된 방향을 잡게 했다. 죄책감에서 벗어나려는 심정이 비뚤어진 모성애로 발동해 일관성 없이 아이들의 비위를 맞추다 보니 의도와 달리 의존적이거나 반대로 고집스런 독불장군 유형의 아이들이 되어 버렸다. 그녀는 가족 관계에서조차 스스로를 비하하며 더 심한 죄책감을 느끼게 되었다. 부모는 자식을 잘못 키웠다는 죄책감에 우울한 삶을 살고, 과잉보호로 아무것도 할 줄 모르는 자식은 처지를 비관하며 자신을 홀로 설 수 없게 통제한 부모에게 분노한다. 고통스런 감정까지 다 해결해 준 부모에게 불행의 탓을 돌리며 평생 피해자로 머물게 된다.

또 다른 경우도 있다. 과소 보호나 어렸을 때 부모가 자신을 버렸다고 평생 부모를 원망하며, 반사회적으로 사는 사람도 있다.

어렸을 때 부모가 키울 수 없어 다른 사람의 손에 자란 사람이 거의 70세가 다 되었는데도 자신이 어렸을 때 버림받고 학대당했다고 부모를 원망하며 불만스러운 세 살 아이처럼 칭얼거리며 산다. 주변 사람들에게 동정을 구하고, 자신이 저지른 모든 범죄와 문제를 자신의 어린 시절 버림받았던 일로 돌린다. 이러한 사람은 자신을 속이고 남의 것을 훔치게 되며, 그러한 삶의 패턴이 더 고착되고 성격 장애로 발달한다. 일그러지고 추한 영혼의 모습을 지니고 있기에 다른 사람들에게 상처를 입히고, 자신이 머문 주변의 환경을 우울하게 만든다. 소시오패스처럼 죄책감을 모르기에 그 주변에 바람잡이와 사기꾼들이 넘쳐나고 급기야 교도소에 들어가는 신세가 된다. 어떤 것도 그를 만족시킬 수 없다. 이렇게 남을 탓하고, 분노하고, 원망하며 살아가는 사람들은 자식에게 우울한 삶을 대물림하게 된다. 자식은 자기 인생을 살지 못하고 칭얼대는 불쌍한 부모를 돌본다. 그러다 어느덧 세월이 흘러 나이가 먹고 사회에 적응하지 못한 자신의 모습을 보며 부모를 원망하는 악순환을 겪게 된다.

이와는 반대로 홀로서기에 성공한 많은 사람들이 주변에 있다. 그들은 과거 한국 경제 전반이 어려울 때 환경에 굴하지 않고 힘든 매일의 삶을 견디어 냈다. 청계천에서 재봉 일을 하거나 버스 안내양을 하면서 가족을 부양한 사람도 많았다. 월급을 타면 적금을 붓고 만기를 기다리면서 힘든 시절을 버텼다. 서울에 올라와

막노동을 하며 월급을 다 고향집에 보내고 쪽방에서 지낸 사람들이 얼마나 많았는지! 동생들을 가르쳐 시집 장가를 보낸 장남 장녀가 얼마나 많았나! 그들은 그렇게 살면서 인생의 파고를 헤쳐 나가며, 인생을 독립적으로 창의적으로 만들며 살아가는 법을 배웠다. 그들은 누구를 원망하지도, 탓하지도 않고 그렇게 자기 삶을 살았다. 그렇게 자기 자신은 물론 다른 사람까지 부양할 능력을 키우며 홀로 무던히 노력하며 살아온 사람들을 자수성가했다고 한다.

요즘도 적지 않은 나이에 검정고시를 준비해 초·중·고 교육 과정을 이수하고 사이버 대학에 등록해 공부하는 사람들이 있다. 이미 70세가 넘었지만 한글을 깨치기 위해 한글 학교에 다니는 사람도 많다. 검정고시를 준비하며 3급 상담 자격증을 땄다고 스스로를 자랑스러워 한 82세 노인을 만난 적도 있다. 이들은 미래 지향적으로, 낙천적으로, 독립적으로, 스스로를 성장시키며 살아간다. 매일매일 성실히 살아간다. 문제를 통해 성장하는 법을 배우며, 다른 사람들에 대한 공감력과 문제 해결 능력 그리고 의사 소통 능력을 키우며 자기 발전에 매진한다. 삶을 건강하게 만들어 가며, 많은 문제에도 매일 성장한다. 부모를 원망하거나 다른 형제자매가 가진 것을 부러워하지도 않고, 남을 속이거나 사기를 치지도 않는다. 어려운 현실에도 행복을 만들어 가기에 건강하고 성숙한 친구들이 주변에 많다. 노년을 우아하게 만들어 나가며 자기가 머문 자리를 아름답게 가꾼다. 늘 새로운 것을 배우며 새로운 일에 도전한다. 이러한 사람들은 고통받고 힘들었던 상처 입은 어린 시절을 기억하며 스스로 자신을 치유해 현재 자유롭게 희망적으로 살아간다. 힘들고 고뇌하던 과거 어린 시절의 자신을 만나 안아 주고, 위로하고, 눈물 흘리고, 치유하며 매일매일 성장한다. 고통을 재경험하면서 더 굳건한 인격을 갖추게 된다.

상처 입은 아이가 치유되고 삶을 이끌 때 압박받는 지루하고 따분한 현재의 성인기 삶이 변할 수 있다. 예를 들어, 감정을 억압하지 않고 건강한 방식으로 표현하며, 경계선을 설정하고, 건강한 자기주장을 할 수 있으며, 다양한 학대에 대해서 '아니요' 할 수 있고, 관계와 사회 변화를 위한 힘을 키울 수 있고, 현재의 삶을 창의적이고 매혹적으로 만들 수 있다.

또 하나의 사례는 자기 죄책감 문제를 다 해결하지 못한 부모가 아이를 기르는 과정에서 어떻게 영향을 줄 수 있는지를 잘 보여 준다.

그녀는 직장 생활을 하며 사귀던 사람과 결혼하려고 했는데 부모가 반대했다. 그녀는 어렸을 때부터 부모의 말을 거역하고 반항하며 살았다고 했다. 그래서인지 부모의 반대에도 그녀는 혼전임신을 하고 어쩔 수 없이 결혼을 했다. 그런데 아이가 일곱 살 되던 해에 무책임하고 생활력 없는 남편이 다른 여자와 바람이 났다. 그녀는 이혼을 결정했다. 딸을 무능한 남편에게 보낼 수 없어 그녀가 맡아 기르고 있지만 쉬운 일이 아니었다. 그녀는 어떻게 아이를 길러야 할지 몰라 난감했다. 부모에게 반항하던 자신의 모습을 딸을 통해 보면서 부모에게 죄책감을 느꼈다. 그래서 그녀는 자신과 똑같은 실수를 하지 않게 하려고 딸아이를 엄하게 매사를 통제하며 키웠다. 그런데 어떤 때는 정반대로 엄격한 부모의 모습이 답답하고 주눅이 들던 자기 모습이 떠올라 아이를 자유롭게 한답시고 방임 상태로 두었다. 갈수록 아이는 불안하고 혼란스러워했다. 일관성 없는 양육 방식에 혼란스러워하고 만성 불안증에 시달리는 아이를 보면서 그녀는 눈물을 흘렸다.

요즘 부모들은 자녀를 '올바르게' 키우는 것을 안전하게 키우는 것으로 해석한다. 아이를 올바른 길로 이끈다는 것을 안전한 길로 이끈다는 것으로 이해한다. 그러나 안전에 사로잡힌 부모들 대부분이 어린 시절 결코 안전을 느끼지 못한 사람들이다. 그러한 부모는 다음과 같은 고민을 한다. "아이와 가족들을 어떻게 안전하게 지킬까?" "말 잘 듣고 순종하는 아이로 키우려면 어떻게 해야 할까?" 이러한 부모들은 삶이 위험스러운 모험이라는 것을 깨닫지 못한다. 그들이 만든 인위적 안전한 삶이 따분하다는 것을 알지 못한다. 삶에는 변화가 불가피하고, 질병과 부상이 일반적이고, 죽음을 피할 수 없다는 것을 깨닫지 못하기 때문에 철학자 앨런 와트Alan Watts가 말한 '불안전의 지혜'를 배우지 못한다.

다음 이야기는 부모의 죄책감을 자식에게 대물림할까 봐 미안한 마음을 갖고 살아가는 한 여성의 사례이다.

결혼 전 그녀는 이기적인 생활 양식으로 철없는 날들을 보냈다. 철이 늦게 들면서 삶이 힘들다는 이유로 가족들에게 무심했고 이로 인해 그녀는 마음 한구석이 찡하고 죄스러움을 갖고 있었다. 그런데 결혼한 딸 역시 그녀와 비슷한 경험을 하는 것을 보면서 그녀는 고통스러웠다. 그녀는 원가족과 자신의 현재 가족 모두에게 죄책감을 느꼈다. 자녀 또한 자신과 같은 삶을 살지도 모른다는 마음에 우울해졌고, 어느새 이 우울함이 그녀의 삶을 지배하게 되었다.

죄책감의 파괴력은 폭군처럼 우리 인생을 지배하는 능력을 가지고 있다. 파괴적인 죄책감의 주된 특성은 강압적이라는 것이다. 이것은 인생의 즐거움과 기쁨을 앗아 가고, 모든 한계에 지나치게 집착하게 한다. 또한 부족한 것에 대해 지나치게 흥분하게 함으로써 자신감, 환희, 감사함을 거의 느끼지 못하게 한다. 이러한 반복되는 패턴의 삶은 인생을 메마르게 하며, 그로 인해 기쁨을 얻지 못하고 죄책감에 사로잡히는 악순환을 걷게 한다.

건강하지 않은 죄책감을 조장하는 가정

건강하지 않은 죄책감을 조장하는 가정에서 살아온 사람이 상담을 하러 왔다. 그녀는 아버지가 일찍 세상을 떠났는데, 어릴 때 울기만 하면 어머니한테 어마어마한 폭언을 들었다. 어머니는 그녀가 울어서 아버지가 죽었다는 식으로 폭언을 퍼부었다. 때로 어머니가 감정 조절이 안 될 때에는 '아버지를 잡아먹은 아이'라는 말까지 들었다.

이 사례의 주인공은 평생 죄책감에 눌려 살았다. 그녀는 결혼 적령기가 되어 아주 좋은 사람들이 구혼해 왔지만 받아들이지 못했다. 자기는 그럴 자격이 없다고 생각했기 때문에 행복한 결혼을 꿈꿀 수 없었다. 그러다가 한 남자를 만나 결혼을 했는데, 최선의 상대가 아니라 최악의 상대였다. 그녀는 일종의 벌을 받는 심정으로, 체념하는 마음으로 그를 선택했다. 결과적으로 너무나 불행한 삶 가운데 자신을 던지고 말았다. 이것은 건강하지 않은 죄책감이 극단적으로 나타날 때 자기 신체에 자해를 하는 경우와 비슷하다. 다시 말해 죄책감이 극단적으로 나타날 경우 자기 신체에 상해를 가하거나 짓지도 않은 죄를 고백하기도 한다. 또는 자신을 벌줄 사람과 결혼하기도 한다. 술주정꾼과 결혼해 고생을 많이 한 여자가 남편이 죽은 후 다시 알코올 의존자와 재혼하는 것은 드문 일이 아니다. 죄책감을 가진 사람들이 벌을 받지 않고 사는 경우 그들은 예상 외로 적응하기 힘들어한다.

주변 사람들이 아무리 나를 거부하고 학대하고 가치를 손상시켜도 내가 나를 지킬 수 있다는 것을 사례의 주인공은 알아야 한다. 세상이 아무리 불공평하고 악이 판을 쳐도 내가 나 자신을 존중하며 가치 있는 존재로 여길 수 있다. 자신을 양육하고 보호하며 존중하고 있는 그대로 소중히 여기며 자기 가치를 깨닫는 사람은 바로 자기 자신이기 때문이다. 친구도 사회도 가족도 아니다. 자기 자신이 자신을 책임을 질 수 있는 유일한 사람이다. 이를 받아들이지 않는다면 불행과 실패의 탓을 늘 남에게 돌리게 된다. 그것은 끝없는 고통의 원인이 된다. 세상은 공평하지 않다. 내가 좋은 일을 했기 때문에 세상이 나를 좋게 대할 거라고 기대하지 마라. 내가 공평하게 일을 처리했기 때문에 세상이 나를 공평하게 대할 거라는 기대를 하지 마라. 세상은 공평한 곳도, 선이 늘 승리하는 곳도 아니다. 그러나 내가 나의 가치를 손상시키지 않는 한 그 누구도 나의 가치를 손상시키지 못한다. 내가 나를 버리지 않는 이상, 그 누구도 나를 버릴 수 없다. 내가 나를 사랑하는 한, 그 누구도 나의 핵심 가치, 곧 사랑하고 사랑받을 능력을 앗아 갈 수 없다.

건강하지 않은 죄책감을 조장하는 환경은 첫 번째 결손 가정이다. 가정의 결손은 부모의 마음뿐 아니라 자녀에게도 깊은 죄책감을 넣어 준다. 특히 부모가 결손의 책임이나 문제를 자녀에게 조금이라도 전가한다면 상태는 더욱 심해진다. 두 번째는 상처가 있는 부모이다. 상처가 있는 사람은 모든 문제를 본인이 감당할 수 없기 때문에 책임을 남에게 전가하는 경우가 많다. 그런데 대부분 그 대상으로 자녀가 선택된다는 데 문제가 있다. 힘도 없이, 더구나 부모의 말이 그에게는 진리처럼 받아들여지는 상태에서 무방비로 당한 책임 전가의 말들은 치명적인 상처를 남긴다. 저주에 가까울 만큼 말이다. 세 번째는 율법주의 가정이다. 사람들 중에는 스스로 높은 기준을 갖고 신앙적으로 열심한 사람들이 있다. 그것이 건강한 내면에서 나왔다면 바람직한 것으로 주변과 자녀에게 아주 좋은 영향을 끼칠 것이다. 그런데 대부분이 그런 것처럼 문제는 그것이 상처에서 나왔을 때이다. 두려움과 심리적 배고픔, 거부당하고 버림받은 경험에서 생긴 보상 심리로 인해 스스로 엄격하고 경직된 도덕적·신앙적 잣대를 가지고 있을 경우에 이것은 자녀에게 심각한 죄책감을 갖게 할 수 있다.

죄책감에 대한 방어

죄책감은 복잡한 일련의 내적 과정을 거쳐 양심이라는 초자아 기능으로 통합되는데, 양심은 개인이 하고 싶은 것과 해야 하는 것, 하지 말아야 하는 것 사이를 조정하고 결정한다. 이러한 자기-평가, 자기-비판과 같은 내적 과정 외에도 양심은 스스로 고통을 가하거나 박탈하는 것과 같은 다양한 형태의 자기-처벌 기능이 있다. 이러한 기능은 공격성을 자기에게 향하게 하는 죄책감을 다루는 하나의 방어이기도 하다. 반면 반동 형성은 공격성과는 정반대되는 모습(과장된 친절, 자비, 수동성, 경쟁 거부, 복종)으로 나타난다. 아니면 다른 사람에게 상처를 주거나 전혀 개의치 않고 다른 사람의 욕구를 침해한다. 혹은 투사를 통해 다른 사람을 비난한다. 달리 말해, 자신의 악을 상대에게 투사하고 오히려 그 상대를 격렬하게 정죄하고 공격한다. 이런 식으로 상대를 대하는 것은 징벌이 자신에게 돌아오는 것에 대한 두려움 때문이다. 자신의 결백을 주장하려고, 그 악이 자신의 악이 아니라고 그처럼 격렬히 상대를 정죄하고 공격한다.

"아들은 어렸을 때부터 그림에 소질이 있었어요. 그런데 공부도 곧잘 해서 싫어하는 법대에 거의 강제로 보냈어요. 결국에는 중도에 그만 두었어요. 이제는 나이가 들어 이러지도 저리지도 못하며 풀이 죽어 있는 아이를 보며, 못난 엄마가 아이를 망쳤다는 생각에 가슴이 미어져요. '아이가 그렇게 하고 싶다던 그림을 그리게 할 걸.'이라는 생각에 후회와 죄책감이 밀려와요.

딸아이와 몇 년 동안 신경전을 벌이고 있어요. 어떤 땐 심하게 싸우기도 해요. 고등학생인데 학교도 안가고 못된 아이들과 어울려 다녀요. 딸아이는 내가 싫어하는 짓만 해요. 남편은 딸아이보다 내가 더 큰 문제라고 하는데, 그렇지 않아요. 아주 못된 짓만 하고 다니는 딸아이를 모르고 하는 말이에요. 딸아이의 못된 버릇을 고쳐야만 해요.

요즘 부모들은 아이를 성공한 사람, 출세한 사람, 능력 있는 사람, 그리고 다른 사람과의 경쟁에서 이겨 낸 최고의 사람으로 키우려고 하면서 대부분 값비싼 대가를 치른다. 그중에서 아동기 때의 무죄함을 잃게 하는 것이 대표적인 예라 할 수 있다. 무죄함은 일명 순진함, 순수함, 순박함이다. 무죄함은 삶이 계속되는 동안 심리적 건강한 삶에 필수적 요소이다. 유아기 이후에도 무죄함을 간직하고 있다면 세상과 인간을 포함해 다른 피조물과 협력 관계를 유지할 수 있다. 새로운 삶을 경험하고 배우며 깊은 깨달음을 얻을 수 있다. 창조적 삶의 기반이 바로 무죄함이다. 무죄함은 불교 신자들이 말하는 '초심자初心者의 마음'과 비슷하다. 그것은 우리가 새로운 눈으로 보고 어린 마음으로 응답하게 한다. 또한 교활함이나 속임수 없이 행동하게 하고, 결코 상처입지 않은 것처럼 사랑하도록 하며, 아무도 쳐다보지 않은 것처럼 춤추게 하고, 존재의 기쁨을 경축한다. 무죄함은 나이나 단계와 상관없이 우리 삶을 통해 모두 꽃피울 수 있는 참신함이다. 이것을 잃어버린 현대인의 삶은 얼마나 삭막한가!

현대를 살아가는 대부분의 부모들은 아이들을 되도록 일찍, 빨리 보다 많이 가르치려고 한다. 사회는 부모들에게 이렇게 하는 것이 최고라고 점점 더 압력을 가한다. 이러한 '조기 교육'의 목표는 현대가 지향하는 가치들을 추구한다. 그것은 아이가 다른 아이들과 경쟁하고, 앞서가도록 재촉하고, 또래의 최고 아이에게 굽실거리게 만든다. 그리고 조기 교육은 일등을 해서 상과 트로피를 타거나 좋은 학교에 들어가는 데 도움이 되도록 설계된다. 예를 들어, 사회는 다음과 같이 부추긴다. "지금 여덟 살인 내 아이가 컴퓨터 전문가가 된다면 아주 기쁠 거예요. 그런데 그보다 빠른 다섯 살에 된다면 얼마나 더 기쁘겠어요."

그러면 현대 사회는 어떤 방향으로 가고 있는가? TV를 잠깐만 보아도 쉽게 알 수 있다. 어떤 매체든 아이들이 건강한 인격을 형성하도록 도와주어야 한다고 말하지 않는다. 대신 광고와 통제할 수 없는 물질주의, 경쟁주의, 일등주의, 우월주의, 성이나 인종 차별주의자의 발언과 관습이 넘쳐 난다. 현대의 이러한 자기중심주의 교육과 경제 중심 교육으로 치달은 인간은 자연을 함부로 다루고 궁극적으로는 인간 서로가 서로를 함부로 다룬다. 그들은 자신과 다른 사람을 존중하는 법, 내면의 고통이나 감정을 보석으로 만드는 법, 다른 사람의 고통에 공감하는 능력을 키우는 법, 의사소통하는 능력을 키우는 법, 모든 사물에 감정을 이입하는 법, 주변의 나무와 새 그리고 하늘과 땅을 존중하며 살아가는 법, 어머니인 지구에 겸손하게 머무는 법, 밤하늘을 쳐다보며 꿈을 키우는 법, 우주 안에서 내가 어떤 존재인지 깨닫는 법, 방대한 자연에 소속된 모든 피조물과 어울려 노래하고 춤추는 법, 하늘을 우러르며 마음을 정화시키는 법 등 영혼을 중요시하는 교육에는 전혀 관심이 없다.

무엇보다도 현대 사회에 물들어 있는 자신을 깨닫고 지금부터라도 영혼 중심으로 만들어 가야 한다. 그런 다음에야 우리는 우리 아이들이 문화적으로 생존할 뿐만 아니라, 초문화적이고 문화를 변형시킬 수 있는 인격을 형성하도록 도와줄 수 있다.

여성이 갖는 과도한 죄책감

한 여성이 2남 2녀의 자녀를 양육하는 과정에서 어머니로서 갖는 죄책감을 이야기했다. 둘째 아들이 청소년기부터 자신과 힘겨루기를 하여 너무나 힘들었다고 했다. 또한 그녀는 자녀들에 대한 많은 죄책감으로 현재도 마음이 아프다고 했다. 둘째 아들이 다른 아이들과는 달리 먹는 것이 까다롭고, 짜증이 심해 신경을 많이 썼다. 그녀는 과거를 회상하며 고통스러운 감정을 묘사했다. "둘째에게 더 많은 죄책감이 드는 이유가 있어요. 원하지 않은 임신으로 낙태 수술을 하려고 병원을 찾았었고, 감수성이 누구보다 예민한 아이를 부부 갈등 때문에 정서적으로 방임했어요. 청소년기에는 아버지와 심한 갈등으로 부딪칠 때마다 그 아이가 태어나지 않았어야 했다고 생각했어요. 이 모든 것이 죄책감으로 나를 옭아매고 있어요."

대부분의 사회가 결혼을 하면 여성에게 많은 것을 바란다. 그래서 여성 자신은 뒷전으로 몰린다. 자신의 꿈, 계획, 열망을 미루고 희생함에도 가족을 위해 좋은 아내와 엄마가 되어야 한다고 자신을 재촉한다. 많은 여성이 가정 공동체를 잘 지키지 못했다는 죄책감에 시달린다. 이 죄책감 때문에 여성은 모두 인간이 떠나는 참된 자기를 찾아가는 계속되는 여정을 놓치게 된다. 참된 자기를 찾아가는 여정을 일명 자기실현이라고 한다. 의식의 자아가 무의식의 바다 깊은 곳에 있는 자기를 진지하게 들여다보고 그 원형의 세계에서 들려오는 진실한 목소리를 알아차리는 것이다. 삶은 의식의 자아가 무의식의 자기를 발견하는 과정이다. 그 과정은 바다 위에서 출렁거리는 파도와 같은 5%의 자아가 수천 킬로미터 깊이를 가진 95%의 마음의 중심인 자기를 찾아가는 여정이다. 그러나 중심으로 향하는 과정은 험난하며 위험스럽다. 그만큼 위대한 여정인 것이다. 사실 위대하고 가치 있는 것일수록 위험스럽지 않은 것이 어디 있겠는가!

그러나 여전히 사회나 신앙 공동체의 여성에게 요구하는 문화는 여성 스스로 인내심 없는 아내, 엄마, 딸이라는 생각이 들게 한다. 다음은 남편을 일찍 잃고 평생 과도한 책임감을 가지고 살아간 여성의 사례이다.

> 그녀는 과거 오랫동안 병중에 있던 남편을 돌보았다. 자녀도 여러 명 다 키웠다. 지금은 친정어머니를 돌보고 있다. 그녀는 현재의 처지를 힘들어하며 토로한다. "애들이 느꼈을 아버지의 결핍이 평생 내게 죄책감을 남겨 놓았어요. 그래서 내 한계를 뛰어넘는 엄마로 살았던 것 같아요. 그런데 요즘 나도 모르게 눌러 놓았던 부정적 감정들이 나올 때가 있어요."

문화적으로 감수성이 예민한 여성은 이러한 왜곡에 쉽게 동화된다. 사회적 기준은 많은 여성에게 자녀를 돌보는 것, 남편을 도와주는 것, 이웃의 어려움에 귀를 기울이는 것이 그들이 할 수 있는 특별한 일이라고 설득한다. 여성의 천직이 다른 사람을 돌보는 것이라면 여성은 그 한계를 어디까지 두어야 하는가? 경계선이 불분명한 이 책임감에 직면할 때 여성은 당황한다.

이와 같은 문화적 풍토에서는 다른 사람을 돌보는 것이 지속적으로 자신을 돌보는 것보다 중요시된다. 그래서 여성이 병과 과로로 자신을 돌볼 때조차 엄청난 죄책감에 시달리게 된다. 성숙하다는 것은 스스로 자신의 한계를 인식하고, 자신의 책임이 어디까지인지 알고 그것을 기꺼이 받아들이는 동시에 과도한 책임을 지지 않는 것이다. 여성만 가정과 세상에 책임이 있는 것이 아니다. 여성의 자원은 한정되고 각자 자신의 위치에서 져야 할 책임이 있기에 다른 사람의 고통에만 치우칠 필요는 없다. 여성의 소명은 그릇된 죄책감에 있는 것이 아니라 공동체 의식에 있다. 여성 개개인은 험난한 내면의 여정을 통해 자아의 세계를 열어 갈 소명을 받은 독특하고 특별하며 유일한 존재이다. 둥지를 벗어나 원가족의 틀을 벗고 각자의 의식의 자아는 끊임없이 방대한 자기를 향해 나아간다. 여성 남성 모두 무의식의 힘에 의해 이끌리고 있고 무의식을 향해 나아가고 있다. 방대한 무의식의 세계를 향해 위험을 무릅쓴 여정을 하고 있는 것이다. 이러한 무의식의 가장 깊은 정신은 영spirit을 담는 그릇이다. 이 정신은 우주를 탐험하는 우주선과 같이, 영을 알아내려 움직인다. 정신이 하늘의 영을 담는다. 영은 깊은 정신에게 자신의 뜻을 전한다. 곧 정신은 영의 전달자가 되어 영을 이 땅에서 실현한다. 여성을 포함해 우리 모두는 이러한 위대한 과업을 이루어야 하는 위대한 존재들이다.

완벽주의자의 죄책감

한 여성이 평생 연세가 드신 어머니를 돌보면서 살고 있었다. 그녀는 자신이 어머니를 실망시킬 때마다 어머니의 반응을 보고 고통스러워하며 죄책감을 느꼈다. 완벽주의자인 그녀는 어머니가 자신을 지치게 할 때에도 "어머니는 날 위해 전 삶을 희생하셨는데…" 하며, 어머니의 고생에 비하면 자신은 별것 아니라고 말했다. 그녀는 자기 생일에 어머니 생일을 기억하며 감사 표시로 장미를 사 들고 갔다. 그녀는 자기 자신의 필요와 욕구보다 늘 어머니를 우선시하며 살았다. 어머니가 돌아가시고 세월이 흘러 나이가 들자 그녀의 내면은 공허함이 가득했다. 평생 자신을 돌보지 않아, 불만스럽고 화가 나 있는 모습을 보며 그런 자신이 싫다고 했다. 그녀는 급기야 세상에 살 이유가 없다며 사람들의 시선을 피해 우울한 삶을 살고 있다.

완벽주의자인 사례의 주인공은 평생 어머니의 요구를 충족시키지 못했다는 죄책감으로 고통을 받았다. 그녀는 자기 내면에서 요구하는 필요와 욕구들은 차선으로 밀어 놓고, 어머니를 우선해서 살았지만 결국 남은 것은 공허함뿐이었다. 어떻게 해도 만족하지 못하는 어머니의 요구에 자기 인생과 에너지를 쏟아부은 것이다. 그녀가 자신의 내면의 소리를 등한시하고 외부의 요구에 몰입하는 이러한 고착된 패턴 밑바닥에는 거부당하고 인정받지 못한 어린 시절이 있다. 그녀는 자라면서 칭찬과 인정을 받지 못했다. 아무리 잘해도 칭찬은 돌아오지 않았고 인정에 굶주려 자신을 평생 몰아붙인 것이다. 그녀는 외적 판단이나 평가와 인정에 목매어 그것이 부정적일 때 열등감과 무기력함을 느끼게 되었다. 그녀는 잘못할 때마다 자신에게 벌을 주고 자기-박탈을 경험했다. 결국 열등감과 무기력으로 자신감이 결여되었고, 자존감이 낮아졌다. 평생 그녀의 내면에 수치심은 지속되었으며 죄책감 또한 그렇다. 다음은 또 하나의 완벽주의자의 이야기이다.

그녀는 완벽주의 어머니 밑에서 자랐다. 어렸을 때 그녀는 90점을 받으면 틀린 부분만 지적을 받으며 핀잔을 들었다. 이러한 환경이 그녀를 완벽주의자로 만들었다. 그녀는 다른 사람들, 특히 삶에서 중요한 존재인 어머니에게 자신은 사랑스럽지 않은 존재라고 느꼈다.

완벽주의는 죄책감에서 파생된 강박 관념으로, 부족함에 지나치게 몰두해 자신감, 환희, 감사를 거의 느끼지 못하게 한다. 완벽주의자는 또 다른 완벽주의자를 만든다. 아이는 부모가 요구한 것을 충족시키기 위해서 자신을 과도하게 몰아붙인다. 부모의 기대치에 못 미쳐 비판받을 때마다 아이는 수치심을 경험하며, 부모의 혼란스러운 요구에 이러지도 저러지도 못하며 지속적으로 죄책감을 느낀다. "동생에게 양보해야지, 그래야 훌륭한 사람이 되는 거야. 겁쟁이처럼 굴지 말고, 강하게 맞서. 성공을 못한 사람은 다 게을러서 그런 거야. 예쁘고 화려하게 입어도 되지만 늘 남자를 조심해야 돼. 너는 부모 말 잘 듣고, 착한 사람, 부모를 기쁘게 하는 사람이 되어야 해." 아이는 이와 같은 불가능한 것을 요구하는 어른에게 화가 난다. 다시 말해, 화는 불안으로, 불안은 죄책감으로 이어진다. 불안하고 죄책감이 있는 아이는 불안하고 죄책감이 있는 어른이 된다.

가치를 저하시키는 죄책감과 만성 우울증으로 고통받는 남자가 있다. 그는 어린 시절을 기억하면서 열흘 밤낮으로 강박적으로 묵주 기도를 했던 것을 떠올렸다. 그는 모든 나쁜 생각과 행동 때문에 매일 묵주 기도를 했다. 매일 고해성사를 보러 갔고 계속되는 긴 죄의 목록은 사제를 걱정하게 하는 원인이 되었다. 그는 결코 용서받지 못했다고 느꼈다. 얼마나 많이 고백을 했든 얼마나 많은 묵주 기도를 했든지 상관이 없었다. 사제가 그를 안심시키려고 애쓰면서 그가 느낀 모든 것에 대해 죄책감을 가질 필요가 없다고 말했지만, 그는 그 자체로 치명적인 죄인 자살 충동을 느꼈다.

이 사례의 주인공은 신앙적으로 아주 열심한 가정에서 자랐다. 그런데 어린 시절 그는 지속적으로 수치심과 죄책감을 느꼈다. 그는 잘못을 할 때마다 엄격하게 벌을 받았다. 그의 부모는 그가 잘못하면 몇 주 동안 그에게 말을 걸지 않았다. 그는 잘못할 때마다 자신을 '나쁜 놈'이라고 생각했다. 수많은 고행도 밑바닥에 깔린 지속적 분노와 그 이후에 오는 죄책감을 해소하지 못했다.

4장

죄책감 해결하기

받아들이는 방식

정상적인 감정

죄책감은 '자기 평가의 감정' 가운데 하나이다. 죄책감은 다른 감정과 같이 자신을 이해하는 데 도움이 되는 모든 사람이 느끼는 정상적인 감정이다.

시스티나 성당 천장에 그려진 미켈란젤로의 아담의 프레스코 그림을 기억하는가? 아담의 눈에 어떤 공포가 있는가? 여기서 하느님과 인간의 관계를 볼 수 있다. 인간을 창조한 후 끊임없이 인간에게 다가와서 구원의 섭리를 베푸시는 하느님과 그런 하느님께 다가가지 못하고 늘 죄 앞에 넘어지는 인간의 모습이 있다. 그림을 보면 축 늘어지고 구부정한 손을 한 아담의 모습과 손끝을 쭉 펴고 어떻게든 다가가려는 하느님의 모습이 대비된다.

셰익스피어는 죄책감의 감정을 아주 잘 포착했다. "나는 내가 해 온 것들을 생각하는 것이 두렵다." 맥베스는 스코틀랜드 왕 던칸을 죽인 후에 운다. 이 감정, 두려움이 생각 이전에 온다는 것을 알아차려야 한다. 셰익스피어는 죄책감을 전의식 상태에 뿌리를 가진 것으로 현명하게 이해한다. 셰익스피어가 묘사한 죄책감으로 괴로워하는 인물들보다 훨씬 오래전에 서기관 에즈라는 자기 백성들 때문에 주님께 울부짖는다. "저의 하느님, 너무나 부끄럽고 수치스러워서, 저의 하느님, 당신께 제 얼굴을 들 수가 없습니다. 저희 죄악은 머리 위로 불어났고, 저희 잘못은 하늘까지 커졌습니다."(에즈 9,6)

물들인 양털처럼 진홍빛 붉은 죄를 이야기한 이사야, 헤스터 프린이라는 여인에게 새겨진 '주홍글씨'를 쓴 N. 호손, 붉은 얼굴을 지적한 에즈라와 같은 이들은 죄책감을 명확하게 관찰한다. 빨간색은 비유적으로 이러한 느낌과 우리 정맥을 통해 흐르는 생명의 힘 사이의 깊은 관계를 의미한다. 당신은 피와 심장의 파도, 흘러나오는 땀을 통해 죄책감을 느낄 수 없는가?

안내자

무엇보다도 죄책감은 지표이며 안내자이다. 고통과 아주 비슷하게 죄책감은 인간의 내면 안에서 기능한다. 우리의 안녕에 대해 우리에게 정보를 전송하는 복합적인 메시지 체계의 일부분으로 작용한다. 고통은 우리의 신체적 안녕에 문제를 지적하는 메시지 체계의 일부이다. 고통은 심리적 병을 이야기할 때가 많은 반면, 죄책감은 영적 안녕에 문제가 있음을 지적한다.

물론 모든 사람은 좋게 느끼길 바란다. 그러나 유혹은 나쁜 느낌을 가리기 위해서 간단한 알약을 섭취하는 것이다. 심각한 병이 있다면 어떻게 할 것인가? 확실히 병이 낫길 바라며 아스피린을 먹는가? 분명 아스피린은 증상을 줄일 수 있지만, 열을 낮추는 것이 병을 치료하는 것은 결코 아니다.

죄책감도 거의 똑같다. 죄책감은 인간 내면에 진행되고 있는 어떤 것, 교정해야 하는 잘못된 어떤 것에 대한 신호이다. 죄책감이 주입한 나쁜 느낌을 제거하는 것은 증상을 일시적으로 치유하는 역할을 한다. 그러나 그것은 치유가 아니다. 그것을 위해 내면을 더 들여다보아야 한다.

한 남자의 이야기이다. 그는 자신이 지닌 죄책감의 짐 때문에 성당 안으로 들어갔다. 그 남자의 목소리는 고뇌로 가득 찼다. 그는 상당히 많은 돈을 횡령했고 그다음 날 법정에 서야 한다. '그런데 왜 그는 성당에 사제를 보러 갔을까?' 그가 법정에서 고백을 할지라도, 그리고 그가 법에 따라 대가를 치를지라도 그는 계속 그 자신과 살 수 없기 때문이다.

그는 법에 따라 벌을 받을 것이다. 그렇게 대가를 치르면 느낌이 더 좋아질까? 그는 더 높은 어떤 것에 서야 한다. 더 높은 판단이 있다는 것이다. 그 앞에 서는 것이 두렵다는 의미인가? 그는 말한다. "그렇다. 나의 삶은 손상되었다. 하느님이 알고 계신다."

그 남자의 존재는 얼룩져서 오염된 인간처럼 느껴졌다. 그 남자를 생각해 보라. 그는 죄를 지었다. 어떤 점에서 죄책감이 자신의 가장 큰 문제일 수 있다고 예상한다. 그가 '좋은 느낌 학교'에 다닌다면 다시 좋은 느낌을 갖기 위해서 의심 없이 더 사랑하고 덜 죄책감을 가져야 한다고 생각할 것이다. 죄책감은 악이 될 수 있기에, 그것을 거부한다면 일이 좋아질 것이라고 생각한다. 그러나 그렇게 해서는 절대 죄책감이 해결되지 않는다. 이 죄책감은 이 남자의 미해결된 내면의 명확하고 판독하기 쉬운 지표였다. 이 지표를 받아들여 그것이 안내하는 데로 따르기까지는 죄책감이 해결되지 않는다. 다시 말해 이 죄책감은 이러한 횡령자에게 가장 높은 의식에서 그가 자신에 대한 존경을 잃었다는 표시였다. 이 죄책감은 그 자신에 대한 존경을 되찾는 길을 안내해 준 것이다.

얼마 전 남편을 잃은 여성의 이야기이다. 그녀는 상실감으로 깊은 우울증에 빠졌다. 너무도 사랑했던 남편이 떠나자 슬픔이 지속되었다. 몇 년이 지났지만, 여전히 그녀는 가슴에 짐을 지고 있었고 마음이 늘 무거웠다. 그녀는 아이들과 손주들 앞에서 웃지 못했다.

　슬픔에 너무 오래 젖어 있으면 문제가 생긴다. 주변에 큰 세상이 있지만, 슬픔에 매달려 좁은 시야를 갖기 쉽기 때문이다. 그러지 마라. 우리는 고통 속에 파묻힐수록, 하늘을 쳐다보는 것을 잊어버린다. 즐겁게 노래하는 새들, 다양한 색으로 물들인 나무들, 졸졸 흐르는 계곡 물들, 따사로운 햇빛, 솜털 모양의 뭉게구름, 살짝 차갑게 와 닿는 바람, 공원에서 뛰노는 아이들을 보라. 우리가 슬픔에서 헤어 나오지 못할 때 삶에서 오는 즐거움과 기쁨을 누릴 기회를 놓쳐 버린다. 주변을 즐겁게 만드는 아이들을 본받아라. 매일 반복되는 일들을 신나게 하는 아이들로부터 세상이 얼마나 아름다운지, 경이로운 것들로 가득 차 있는지, 새로운 일을 열의와 호기심을 갖고 접근하는지 배워라. 멈추어 주변에서 일어나고 있는 생동감 넘치는 모든 것을 여기저기 체크해 보라.

　마침내 사례의 주인공은 상담을 받으러 갔고 긴 시간 상담사와 이야기를 나누었다. 그 여인은 질문했다. "내가 사랑했던 남편이 저세상에 갔는데, 그래서 슬픔에 젖어 살았는데, 이제 그만 슬퍼해도 괜찮은 건가요?" 그녀는 상담사와 사랑한 사람을 위해 충분히 애도할 필요성에 대해서 그리고 삶을 다시 살기 위해서 슬퍼하는 시기를 끝낼 필요성에 대해서 더 많은 이야기를 나누었다. 마침내 여인은 몇 년 동안 하지 못한 일을 할 수 있게 되었다. 이제

기운을 냈고 웃게 되었고 회복했다. 그녀는 우울증에 걸렸었고 의심의 여지없이 죄책감에 시달렸다. 그녀는 '생존자'의 죄책감을 가졌다. 그녀는 사랑하는 남편이 죽었기에 자신이 살아서는 안 된다는 느낌에 시달렸다. 이렇게 남편에 대한 슬픔의 표현은 남편에 대한 깊은 사랑을 계속 증명하는 구체적인 역할을 했다. 그렇게 충분히 슬퍼했다면 이제는 사랑하는 남편을 놓아 주고 자유롭게 살아야 한다. 그런 그녀의 죄책감은 신호였고, 해결해야 하는 문제를 제기했다. 일단 대책을 마련하자 그녀는 자유로워졌다. 오히려 죄책감은 자유를 발견할 수 있는 자극제가 되었다.

횡령자 사례에서 그는 자신의 존엄성 회복이 필요했다. 그는 잘못을 했고 모든 면에서 대가를 치러야 했다. 하느님과의 관계에서도 마찬가지다. 사랑하는 남편을 잃은 애도자 또한 어떤 것을 해야 했다. 두 경우 모두 죄책감은 문제를 선명하게 하는 데 도움을 주었다. 이렇게 죄책감은 불편한 감정으로 매일매일 삶에서 기능한다. 그리고 앞 사례의 여성처럼 죄책감은 한 사람의 내면에서 정상적인 역할을 한다. 죄책감에 사로잡힐 때 무엇을 해야 할까? 첫 번째 단계는 고통에 대해서 생각하는 방식으로 죄책감을 생각한다. 그리고 질문한다. "나는 어떻게 병에 걸렸나? 내 고통의 원천은 무엇인가?"

양심을 발달시킬 기회

영어 'conscience'의 유래가 되는 고대 그리스어 'συνείδησις'(쉬네이데시스)나 라틴어 'conscientia'는 어원적으로 "함께 앎"이라는 뜻이다. 양심은 대개 문화나 교육에 의해 주입되며, 일반적으로 어떤 행동의 도덕적 특성에 관해 직관적으로 권위 있는 판단을 내리는 것이라고 한다. 고대 이집트인들은 양심의 명령을 어기는 행동을 해서는 안 된다고 역설했다. 사람은 '양심의 인도에서 벗어나면 반드시 두려움을 느끼기 때문'이다. 종교에서 양심은 하느님의 목소리이기 때문에 전적으로 신뢰할 만한 행동 지침으로 여겨진다. 힌두교도들은 양심을 '우리 내부에 사는 보이지 않는 신'이라고 생각한다. 서구 종교 집단 중 프렌드회(퀘이커교도)는 양심이 신의 '내적 빛'을 이해하고 행동을 통해 그에 반응하는 데 특히 중요한 역할을 한다고 강조한다.

종교적 맥락 이외에도 철학자·사회과학자·심리학자들은 개인적 측면과 보편적 측면에서 양심을 이해하려 했다. 양심을 옳고 그름에 대한 지각을 결정하는 타고난 직관력이라고 보는 견해를 직관주의라 부른다. 양심을 미래 행위를 유발하는 과거의 경험에서 누적된 주관적 추론이라고 보는 견해는 경험주의이다. 한편 행동주의 학자들은 양심을 특정 사회적 자극에 대한 일련의 학습된 반응으로 본다. 한국 헌법재판소에서는 '양심이란 어떠한 일의 옳고 그름을 판단하는 데 있어 그렇게 행동하지 아니하고서는 자신의 인격적 존재 가치가 허물어지고 말 것이라는 강력하고 진지한 마음의 소리'라고 정의했다. 양심이라는 용어는 일찍이 고대 중국의 맹자가 사용하였다. 직관주의에 가까운 개념이지만, 후천적으로도 갈고 닦아야 한다고 했다.

보통 '양심 없는 놈'이나 '양심이 찔리다'라는 표현을 자주 사용한다. 제대로 된 사람이라면 누구나 가지고 있으며, 역사적으로 모든 문화의 공통점 중 하나가 양심의 존재이다. 대중이 사용하는 단어 중 사이코패스와 소시오패스는 양심이 없는 사람을 의미한다. 죄책감은 양심에서 온다. 그것은 우리의 일부분으로 올바른 것과 그릇된 것 사이에 차이점을 알려 준다. 죄책감은 '생물이 스스로 저지른 잘못에 대하여 책임을 느끼는 감정'을 의미한다. 여기서 잘못은 개개인의 양심에 의해 결정되고, 양심이 어떻게 무뎌지는지를 잘 설명한다. 미국 인디언들의 옛이야기에 따르면 모든 사람의 마음속에는 세모진 쇳조각이 들어 있다. 그 사람이 나쁜 짓을 할 때마다 그 쇳조각이 돌아가면서 그 사람의 마음을 아프게 하는데, 이때 느끼는 아픔이 죄책감이라고 한다. 사람이 맨 처음 나쁜 일을 할 때에는 그 죄책감이 상당히 크지만, 가면 갈수록 그 쇳조각의 날이 무뎌져서 사람은 죄책감을 덜 느끼게 된다고 한다. 이는 살인을 계속 저지른 범죄자가 다음에도 범죄를 가볍게 저지를 수 있다는 말이다.

반면에 우리가 죄책감을 갖고 있다고 말할 때 그것은 무엇을 의미하는가? 무엇보다도 그것은 나쁜 느낌을 가졌다는 것이다. 그러나 양심을 이야기할 때 그것은 더 많은 것을 내포한다. 죄책감이 없다면 우리 행동을 전혀 통제를 할 수 없을 것이다. 예를 들어, 우리가 어떤 것을 원한다면 그것을 진짜 훔칠 것이다. 어떤 사람에게 화가 난다면 그에게 신체적으로나 감정적으로 상해를 입힐 것이다. 죄책감은 부모와 다른 어른들이 우리에게 가르쳐서 내면화된 한계와 가치에서 온다. 다른 사람에게 상처를 준다면 우리는 우리가 행한 것에 대해 보상해야 한다. 이러한 보상을 윌리엄 셰익스피어는 햄릿에서 다음과 같이 묘사한다. "죄의식은 어리석은 의심으로 가득 차서, 파괴당할 것을 염려하여 자신을 파괴하는 법이지." 양심은 최선의 종이지만 끔찍한 주인이다. 그것은 자동차 경적과 비슷하다. 그것은 임박한 위험을 피하는 데 유용하다. 그러나 경적이 계속 울려 댄다면 그것은 끔찍하고 성가신 것이 된다. 죄책감은 감정적인 아픔과 고통의 모음이다. 이러한 고통과 결합될 때 괴롭히는 사고에 의해서 생긴 불안이 양심의 가책이 된다.

죄책감은 풍요롭지만 괴로움을 가져다준다. 다음은 회사를 부도내고 밤새 도주하여 집으로 돌아온 중년 남성의 이야기이다.

그는 간신히 문을 열고 방으로 들어가, 침대 쪽으로 쓰러지듯

몸을 기댔다. 침대에 몸을 기댄 채 무릎을 꿇고 손으로 얼굴을 감쌌다. 그의 손은 땀이 식은 듯 차가웠고 팔다리는 오한으로 아팠다. 그는 지쳤고 몸에서 열이 났다. 피곤이 몰려왔고 판단력이 흐려졌다.

저녁 기도를 하는 어린이처럼 그는 왜 거기서 무릎을 꿇고 있는가? 홀로 있기 위해서, 양심을 성찰하기 위해서, 죄를 직면하기 위해서, 시간과 태도와 환경을 회상하기 위해서, 그것에 대해서 슬퍼하기 위해서 무릎을 꿇은 것인가? "차갑다. 세상에 혼자인 것 같다. 슬픔이 밀려온다." 이러한 것들은 죄책감으로 인해 생긴 감정의 징후들이다. 그러나 그 이상으로 죄책감에는 더 많은 것들이 있다. 죄를 직면하고, 과거를 회상하고, 양심을 성찰하는 것이다. 이러한 것들을 통해 새로운 차원을 자각하게 된다.

소박하게 차려입은 한 남자가 사람들이 많이 오가는 명동 시내 한복판에서 소리쳤다. "죄를 지은 자들이여!" 우리가 상상할 수 있는 것처럼 대부분의 사람들은 그의 외침을 전혀 신경 쓰지 않고 그냥 지나친다. 그런데 그 소리가 우리에게 크게 반향을 불러일으킬 때가 있다. 어떤 사람은 실제로 서로를 보며 말했다. "어떻게 알았지?" 그 남자는 지나가는 사람들의 사정을 알 수 없고 사람들을 꿰뚫어 보는 독심술도 없다. 길거리 모퉁이에서 막무가내로 소리를 지른 것이다. 그런데도 사람들은 마음에 자극을 받아 멈칫한다. 그가 소리친 죄의 고발은 우리가 늘 저지르고 다니는 죄의 보편성을 지적한 것이기 때문이다.

죄책감은 쉽게 가시지 않고 양심에 의해서 자극을 받는다. 모든 사람이 죄책감에 익숙하다. 양심이 없다면 그때 당신은 죄책감을 느끼지 않을 것이다(소시오패스). 죄책감은 당신이 지금 후회하는 행동이나 상황에 대해서 책임이 있다고 믿을 때 느끼는 것이다. 죄책감에서 오는 이러한 후회는 우리 스스로에게 질문하게 하며, 그 질문의 사례들은 다음과 같다.

- 나는 더 잘할 수 있었나?
- 나는 왜 그렇게 했지?
- 나는 왜 일어나고 있는 일들을 보지 못했지?
- 나는 왜 이러한 느낌을 가지고 살아가야 하지?
- 나는 왜 좀 더 기다리지 않았지?
- 나는 왜 너무 빨리 차를 몰았지?
- 나는 왜 달아났지?
- 나는 왜 기회가 있을 때 작별 인사를 하지 않았지?
- 나는 왜 더 일찍 의사에게 그/그녀를 데리고 가지 않았지?
- 나는 왜 제의를 받았을 때 기회를 잡지 못했지?
- 나는 왜 그것을 참아야 했지?
- 나는 왜 속였지?

- 나는 왜 거짓말을 했지?
- 나는 왜 나의 삶을 끔찍하게 만든 일을 저질렀지?
- 나는 왜 나쁜 일 그리고 나의 삶에 아주 지속적으로 갈등하게 하는 일을 저질렀지?

죄책감과 죄의식 통합하기

죄책감이 감정인 반면에, 죄책감으로 인한 결과는 감정 이상이다. 예를 들어, 죄책감을 느끼는 것과 우울한 것을 비교해 보라. 우울할 때는 확실히 나쁘게 느낀다. 그러나 자주 이렇게 끔찍하게 느낀 것을 명확하게 지적할 수 없다. 우울은 많은 문제를 내포하고 있지만 그것의 특정한 원인을 찾기가 쉽지 않다. 그러나 죄책감을 가질 때는 "…때문에 나쁘게 느낀다." 여기에는 항상 어떤 이유가 있는데, 마음을 무겁게 내리누르는 어떤 문제를 지적할 수 있다.

어머니 생신이었는데 전화하는 것을 잊어버렸다. '전화를 하지 않았기 때문에' 그것뿐만이 아니라, 어머니와 통화한 지 3주가 지났다. 물론 어머니가 전화를 거실 수도 있지만, 자식 된 도리에서 무거운 짐을 느끼고 죄책감으로 괴롭다.

일주일 전 동료에게 계획서를 보내 주기로 했다. 그런데 '일을 끝내지 못했기 때문에' 죄책감을 느낀다. 다른 일로 애를 쓰지 않았기 때문이 아니라, 동료가 기다리고 있는 그것을 하지 않았기 때문이다.

'내가 팀을 실망시켰기 때문에' 죄책감을 느낀다. 이를 관리 죄책감이라고 부른다. 오늘 오후에 모임이 있었는데 까맣게 잊어버렸다. 부하 직원들이 회의실에 모두 모여, 내 지시를 기다리고 있었다. 그런데 책상에 앉아 다른 전화를 받느라 바빴다. 비서에게 직원들을 회의실에 모이도록 한 것조차 잊어버렸다. 직원들은 내가 어디 있는지 전화로 물어볼 생각조차 하지 못했다. 너무 빡빡한 스케줄로 인해 팀을 실망시켰다. 나는 지금 죄책감으로 대가를 치른다.

'어린아이들 때문에' 죄책감을 느낀다. 아이들을 잘 보살피기 위해 계절에 맞는 새 옷을 사야 하고 음악 레슨을 잡아야 하며 학교에 가져갈 학용품을 준비해야 한다. 관심을 가져야 할 남편, 정리할 집안 물건들, 도와드려야 하는 부모, 돌보아야 할 나 자신이 있다. 누군가를 위해 낼 시간이 충분하지 않다. 그래서 무겁게 내리누르는 죄책감을 갖게 된다.

해결책

　죄책감을 갖고 있는 사람은 내면적으로 언제나 갑자기 나쁜 일이 닥칠 것 같은 불안 속에 산다. 그러다가 작은 어려움이 와도 올 것이 왔다는 식의 불안과 절망에 빠지게 되는 것이다. 특히 이런 상처를 입은 사람은 작은 실수에도 엄청나게 괴로워하고 불안해한다. 이런 식으로 죄책감을 다루어서는 해결이 안 된다. 또 하나 죄책감을 잘못 다루는 방식은 감추기이다. 그것이 잘 감추어지지 않을 때마다 심한 고통을 느낀다. 죄책감이라는 상처가 고약한 것 중에 하나는 바로 이것이다. 상처를 드러내지 않고 속에 가지고 있으면 절대 치유되지 않는다. 죄책감은 감추고 싶어 하는 속성을 갖고 있기 때문에 치유가 아주 힘들다. 반면 일단 드러내기만 하면 죄책감처럼 치유가 확실한 것도 드물다. 밖으로 내놓기만 하면 아무것도 아닌 것이 많기 때문이다.

죄책감을 느끼고 용서함으로써 해방된다

큰언니가 병을 앓고 있어 한 여성의 가족 모두가 힘들어하고 있었다. 그녀의 가족은 서로 대화하지 못하고, 무거운 마음으로 남은 시간을 살아왔다. 아픈 큰언니를 돌봐야 한다는 부담감은 늘 그녀를 내리눌렀고 그래서 그녀는 우울한 삶을 살았다. 언니가 아프다는 사실을 그녀는 수치스럽게 여겼고, 그로 인해 평생 죄책감으로 살았는데 상담을 시작하면서 다르게 살고 싶다고 그녀는 이야기했다. 그리고 과거의 무거운 짐에서 자유롭게 되기를 바랐다. 과거로 인해 그녀의 선택의 폭이 좁아지고, 소극적으로 행동하고 생각하게 되었다는 것을 깨달았기 때문이다. 때론 아픈 언니를 원망하기도 했으나, 점차 용서하고 새로운 삶을 살고 싶은 마음이 간절했기 때문이다. 그녀는 자신의 결심을 이렇게 이야기했다. "용서를 통해 미운 마음으로 기억했던 사람들을 모두 떠나보내고, 그들과의 시간에서 행복했던 일들을 기억하고자 노력해야겠다는 생각이 들어요."

별것 아닌 일(그 일의 피해자 입장에서)로 인해 죄책감을 느끼는 것이라면 너무 마음에 담지 말아야 한다. 그러나 과거에 저지른 일로 죄책감에 싸여 있다면 지나간 일이라 후회해도 되돌릴 수는 없겠지만 대화를 통해 자신이 지닌 감정을 나누는 것이 좋다. 그리고 용서받을 것은 용서받고 용서할 것은 용서해야 한다. 이 주체는 상대방, 곧 피해자에게 있는 것이 아니라 나 자신에게 달려 있다. 설령 피해자가 용서를 받아들이지 않는다고 해도 대인 관계에서 건강한 패턴을 지닐 수 있고 다시 같은 실수나 잘못을 저지르지 않게 된다. 과거의 실수나 잘못을 되풀이하지 않는 것만으로도 이미 용서의 혜택을 받고 있는 것이다.

여기서 살아가면서 크게 실패했을 때 어떻게 용서할 수 있는지 생각해 보자. 이 실패가 우리 내부에 잠재되어 있던 해소되지 않은 죄책감과 결합된다. 달리 말해 실패하면 자연스럽게 그 원인을 찾게 되는데, 그것은 대부분 자신의 잘못이나 무능함 때문인 것으로 결론이 난다. 그럴 때 실패의 아픔이 클수록 그런 결과가 오도록 한 자신의 잘못에 대한 죄책감이 더 커지는 것은 말할 필요가 없다. 그런데 이 실패가 자신의 잘못이 아니라 배신에 의한 것이어서 용서의 문제가 걸려 있다면 문제는 더욱 심각하다. 실패의 아픔이 큰 만큼 용서는 쉽지 않고, 진정으로 용서가 되지 않았을 때 그 실패에 의해서 깨진 자신의 이미지가 회복될 수 없기 때문이다. 사실 죄책감의 문제는 용서의 문제와 밀접하다. 그것은 자기가 자신을 용서하지 못하든, 아니면 다른 사람을 용서하지 못하든, 여하튼 용서하지 못하는 상태이기 때문이다. 여기서 용서라는 것은 좁은 의미가 아니라 근원적인 의미로, 자신을 붙들고 얽어매는 죄의 세력을 무력화하는 것을 의미한다. 사실 죄가 우리를 붙들고 있던 것이 아니라 우리가 죄를 붙들고 있던 것이다. 그것을 놓으면 된다. 그 놓는다는 것이 용서이다. 그래서 그것은 동시에 죄책감에서의 자유를 의미한다.

죄책감은 접착제처럼 달라붙는 불쾌한 감정적 느낌이기에, 그 느낌에 대해 자신을 용서할 때까지 결코 사라지지 않을 것이다. 용서는 해방과 자유를 가져다주며, 자기 인생을 살게 해 준다. 사실 용서는 인간보다는 하느님의 방식이다. 그래서 일어난 일을 수용하고 자신이 겪은 고통에 대한 하느님의 해결책으로 용서하는 것이다.

진실한 죄책감이 준 힘으로 해방된다

"어머님이 천천히 하늘나라로 이사 갈 준비를 하게 되었어요."라고 말하며 임종 전 어머니와 관계를 회복한 중년 남성이 이야기를 시작했다. 그의 어머니는 스스로 전국 요양원이나 요양병원을 알아보고 자신이 신청을 하여 요양원에 들어갔다. 그래서 자식들이 느끼는 죄책감은 훨씬 덜 했다고 한다. 또한 어머니를 외롭지 않게 해 드리고, 어머니에게 상처를 드리지 않으려고 애썼다고 했다. 특히 둘째 동생은 먼저 돌아가신 아버지께 해 드리지 못한 것을 다시는 여한이 없게, 정말 그들이 옆에서 보기에도 넘치게 어머니에게 헌신했다. 그 모습을 그는 다음과 같이 표현했다. "덕분에 나머지 형제들은 일상생활을 유지하면서 처음에는 순서를 정해서, 나중에는 주말마다 어머니를 찾아뵈었어요. 함께 식사하고 차를 마시며 지나간 이야기들을 많이 하며 격식을 넘어선 화해 작업을 하고, 그동안 못 나눈 형제애를 돈독히 하는 시간을 갖곤 했어요."

이 사례에서 형제들은 각자 죄책감이 보낸 신호를 받아들이며 건강하게 대처했다. 죄책감이 보내 준 신호를 자신의 행동을 변화시키는 기회로 삼은 것이다. 곧 죄책감은 그들에게 변화를 위한 동기 부여가 된 셈이다. 참으로 다행인 것은 그들 중 누구도 근거 없는 죄책감의 포로가 되어 절망의 나락으로 떨어지지 않았다는 것이다. 복잡하게 얽혀 있는 가족이라는 관계망에서 개인적인 책임의 경계를 정하는 것은 분명 쉽지 않다. 물론 가끔 맏이인 주인공이 자신의 의무나 책임 때문에 죄책감을 느낄 때도 있긴 했지만 말이다. 특히 맏이에게 기대려는 어머니의 마음을 읽을 때 그랬다. 어머니는 그가 당신을 보살피며 함께 살기를 원한다고 속내를 비친 적이 있었기 때문이다. 어머니는 자녀 각자에게 편지 한 통씩을 남기고 떠났다. 사십구재를 마치고 어머니 집에 모여 유품을 정리하다 그 편지를 형제들이 돌려 읽었다. 한 명 한 명에게 쓴 편지에서 어머니는 마지막까지 자식들의 마음의 짐을 덜어 주었다. 덕분에 그들은 죄책감에서 해방되었다. 죄책감 역시 다른 감정과 마찬가지로 진실한 죄책감과 왜곡된 죄책감을 구분하여, 삶에서 진실한 죄책감이 보내는 안내를 따르고 왜곡된 죄책감을 털어 내어 자유롭게 살아야 한다. 그는 진실한 죄책감이 준 위대한 힘으로 해방되었다. 그는 남은 삶을 형제들과 서로의 경계를 침범하지 않으면서 자유롭게, 그리고 사랑으로 화목하게 살아가려고 애쓰고 있다.

죄책감을 자신의 패턴을 바꾸는 기회로 삼다

구치소에서 봉사를 한 중년 여성의 이야기이다. 그녀는 봉사자 대표를 맡아서인지 늘 편지를 여러 통 받았는데 답장을 하는 일이 제일 부담스럽고 스트레스를 많이 받았다고 한다. 글재주도 없고, 남자들에게 무슨 말을 해야 할지 몰랐기 때문이다. 구치소에서 양아들을 삼은 형제가 셋 있었는데, 어느 날 그중 한 명이 곧 출소한다고 옷이며 신발이며 준비해 달라는 편지가 왔다. 그녀는 편지를 받고 날짜를 확인했어야 했는데 날짜가 남아 있어 미루어 놨다. 하루는 편지가 생각나 읽어 보니 바로 내일이 출소하는 날이었다. 그녀는 눈앞이 캄캄했다. 옷과 신발도 하나도 준비하지 않았는데, 어떻게 해야 할지 몰랐다. 남편에게 오늘 밤이라도 지방에 내려가겠다고 하니 펄쩍 뛰었다. 결국 그녀는 양아들과 연락이 끊겼고, 죄책감에 사로잡힌 심정을 다음과 같이 묘사했다. "다른 형제들은 출소하는 날 찾아가서 위로해 주고 챙겼는데 이럴 수가! 힘든 일은 늘 미루는 나쁜 습관이 일을 그르쳤다. 연락도 없어 화가 단단히 났을 텐데, 나도 별 수 없는 죄인이 되었다." 그런데 어느 날 교정 후원회 모임에서 은행에서 대출을 받아 양말 장수로 성공한 사장 한 사람을 소개했다. 그녀가 자신의 눈을 의심하면서 다시 보니 그는 자신의 양아들이었다. 10년 만에 해후를 하면서 그녀는 양아들을 껴안고 눈물을 흘리며 "내가 죄인이다."라고 말했다. 그 양아들이 말했다 "아니에요, 그런 소리 하지 마세요."

사례의 주인공은 자신을 이해해 준 양아들이 눈물겹도록 고마웠다고 말했다. 그리고 그녀는 또다시 이런 일이 일어나지 않도록 중요한 일은 미루지 말고 잘 챙겨야겠다는 각오를 하게 되었다. 이와 같이 죄책감은 사람들이 행동을 개선하도록 이끈다. 사람들은 자신이 행한 어떤 행동에 대해 죄책감을 느낄 때 긍정적이거나 좋은 행동을 하려고 더 노력한다는 것이다. 그들은 교훈을 얻고 미래에는 더 나은 행동을 할 가능성이 높다. 죄책감은 또한 어떤 잘못된 행동으로 손상된 관계를 회복시키는 데에도 기여한다. 죄책감을 느낄 때 사회적으로 더 바람직한 방식으로 행동한다. 죄책감을 경험하는 것이 유쾌한 경험은 아닐지라도 죄책감이 관계에 긍정적인 기여를 할 수 있다. 때때로 관계를 더 성공적으로 유지하기 위해 자신의 이익을 희생하고 타인을 위해 희생해야 할 때가 있는데, 죄책감은 사람들이 이와 같은 희생을 할 수 있도록 장려한다.

슬픔을 통해 죄책감을 해결한다

임종 때 어머니와 적절한 작별 인사를 하지 못한 사람의 이야기이다. 어느 날 그녀는 꿈에 어머니를 뵈었다. 꿈에서 어머니가 돌아가셔서 염을 하고 성당 제대 밑에 관을 놓고 어머니를 눕히는 순간 어머니가 살아나셨다. 살아 돌아오신 어머니를 보고 그녀는 아주 기뻐하며 잠에서 깼다. 그리고 이틀 후 어머니 친구분이 미국에서 오신다고 전화를 받았다. 어머니와는 둘도 없는 친구셨는데 할아버지 때부터 삼대가 친구로 지내 오신 분이라 친분 관계가 남달랐다. 미국에서 연락을 받고 나서 아침 준비를 하면서 그녀는 또 눈물을 흘렸다. 그녀는 어머니 친구분이 오시면 큰절을 할 텐데 어머니 생각에 가슴이 미어질 것만 같았다. 그리고 자신이 지닌 죄책감을 다음과 같이 표현했다. "어머니만 생각하면 끝없이 올라오는 기억의 잔상들이 나를 죄책감으로 몰아넣어요. 어머니 친구분과 어머니 산소에 함께 가기로 약속을 하고 헤어졌어요. 며칠 후 어머니 산소에 함께 갔어요. 산소 앞에 도착하자 어머니 친구분이 대성통곡을 하셨어요. '친구야 왜 이렇게 말이 없니? 내가 왔는데 왜 아무 말도 없니?' 하고 한참을 우시는데 함께 간 큰딸 내외와 우리 모두 또 눈물로 죄책감과 슬픔을 대신했어요." 그들이 큰 슬픔과 죄책감을 느끼는 이유 중 하나는 적절한 방식으로 작별 인사를 하지 못한 채 죽음이라는 큰 사건을 감당할 수밖에 없었기 때문이다. 돌아가시기 얼마 전부터 어머니는 간장 게장을 드시고 싶어 했다며 죄책감을 다음과 같이 묘사했다. "왜 그때 그것을 못해 드렸는지 후회스럽기만 해요. 조금만 사서 해 드렸어도 되는데 그 정도로 마음의 여유와 사랑이 없었어요." 용돈 한번 넉넉히 드리지 못한 일 모두가 생각할수록 기억의 파편으로 남아 그녀에게 죄책감을 불러일으키는 불쾌한 느낌들이었다고 했다.

누구나 한 번쯤은 사랑하는 가족, 친척, 이웃을 잃은 경험이 있을 것이다. 문명화된 현대 사회에서 인간을 죽음으로 몰고 가는 원인은 너무나 다양하다. 교통사고를 비롯한 여러 가지 사고나 재해, 암을 비롯한 불치병과 이름 모를 질병 등이 우리 주변을 맴돌고 있다. 사랑하는 사람을 잃었을 때를 미리 준비하는 경우는 거의 없을 것이다. 때문에 막상 그 상황에 부닥치면 엄청난 슬픔에 삶의 모든 의욕을 잃고 살게 된다. 사랑하는 사람이 죽었을 때 우리는 한 여정을 시작한다. 슬픔을 거쳐 치유로 가는 이 길은 누구나 겪을 수밖에 없는 여정이다. 길을 따라가며 슬픔, 분노,

두려움, 후회 등 낯설고 혼란스러운 감정을 겪게 될 것이다. 그렇다면 우리는 슬픔을 어떻게 견뎌 낼 수 있을까?

인간은 태어나면서 죽을 때까지 상실을 경험한다. 태어나면서 시작된 상실은 살아가면서 죽음과 질병, 가정과 재산, 직업을 잃거나 결혼이나 우정의 깨짐 등으로 다양하게 나타난다. 우리는 날마다 크고 작은 상실을 겪으며 살아간다. 삶 속에서 늘 새로운 변화를 맞지만 그 변화는 언제나 피할 수 없는 상실감을 가져온다. 분명한 것은 생명을 유지하는 데 상실과 죽음이 필연적일 뿐 아니라 상실이 지속된다는 것이다. 우리는 자연 안에서 이를 발견할 수 있다. 예를 들면 여름날 그토록 짙푸르던 미루나무 잎도 가을이 되면 눈부신 황금빛으로 변한다. 또한 어둠과 침묵뿐인 고치 속에서 유충은 아름다운 나비가 되기 위해 스스로 껍질을 벗는다. 마찬가지로 우리 몸도 재창조를 거듭한다. 끊임없이 세포가 죽고 새로운 세포가 생성된다. 우리 몸 안에서 죽음과 삶, 상실과 성장이 계속되는 것이다.

다른 사례에서와 같이 그녀의 불쾌한 느낌은 그녀를 계속 내리누르고 있었다. 그녀는 얼마 전 피정이 있어 봉사를 하러 갔다가 어머니를 생각하며 또 닿이 울었다. 그녀는 돌아가시고 나니까 불효했던 일만 남아 있다그 했다. 어머니 친구분 역시 사랑하는 사람을 임종도 지키지 못하고 떠나보낸 아쉬움과 슬픔 그리고 죄책감이 있었다. 그런데 늦게나마 친구가 묻힌 산소에 와서 슬픔을 표현한 것은 아주 다행스러운 일이다. 슬픔은 눈물로 표현되고 죄책감은 눈물로 씻겨 내려간다.

이 사례에서 주인공은 또한 '만약 …했더라면'이라는 죄책감을 계속 갖고 있었다. 그것은 우리가 사랑하는 사람의 삶과 죽음을 다르게 할 수도 있었을 것이라고 생각하는 것과 같다. 그러나 이것은 비현실적인 가정이다. 우리는 가능하지 않은 것을 가정할 수 있고 삶과 죽음을 조절할 수 있는 것처럼 착각할 수도 있다. 사랑하는 사람을 잃고 죄책감에 시달리는 사람에게 어떤 사람이 한 말이다.

> "당신은 자신에 대해서 거부하고 있어요. 당신은 우리가 틀리기 쉽고, 도움이 필요하고, 한계를 지닌 인간 존재라는 것을 거부함으로써 죄책감에 시달리고 있는 거예요."

사랑하는 사람이 죽었을 때 거기 있지 않았다는 이유로 깊이 상처를 받게 된다. '거기에 있었더라면'이라는 생각이 죄책감을 불러일으킨다. 이 죄책감이 지속되면 그곳에서 빠져나올 수 있도록 전문가의 도움을 받아야 한다. 자기 자신을 받아들이기 시작할 때 죄책감이라는 감옥을 깰 수 있다. 비탄에 잠긴 사람이 말했다. "아주 오랫동안 슬픔을 눈물로 표현한 후에 나는 더 이상 내가 할 수 있는 것이 아무것도 없다는 것을 깨닫기 시작했어요. 죄책감에서 벗어났을 때 나는 나 자신에 대해 편안한 마음을 갖게 되었어요."

세상을 살다 보면 사랑하는 사람을 잃는 슬픔을 겪게 된다. 사랑하는 사람이 세상을 떠났을 때 사람들은 엄청난 슬픔과 고통에 삶의 의욕마저 잃어버리기도 한다. 하지만 언제까지 슬픔에 잠겨 있을 수만은 없기 대문에 슬픔을 이겨 내고 치유의 길로 나아가야 한다. 이 슬픔의 여정 동안 다음과 같이 기도할 수 있다. "사랑이신 주님, 사랑하는 사람의 죽음을 거부하지 않기 위해 싸울 수 있도록 도와주소서. 당신과 함께 여정을 떠날 수 있도록 도와주소서. 저는 당신을 신뢰합니다. 당신께서 저를 떠나지 않으실 것을 믿습니다." "슬퍼하는 사람은 행복하다. 그들은 위로를 받을 것이다."(마태 5,4) 슬픔을 이겨 내는 방식은 다양하다. 우리 각자는 독특하게 슬픔에 대해 반응한다. 중요한 것은 각자 나름대로 사랑하는 사람을 잃는 경험을 한다는 것이다. 이 여정에는 고통이 따르고 모험이 수반된다. 그러나 머지않아 이 여정을 통해 은총을 체험하게 될 것이다.

죄책감을 변화의 동기로 삼다

늘 아이들에게 죄스럽다는 생각을 많이 하고 있는 한 여성이 있다. 남편의 사업이 잘되어 물질적으로 풍요로울 때 독일로 아이들을 보내기로 조기 유학을 결정하게 되었다. 그런데 그 당시 그녀는 가정적으로 위기를 겪는 스트레스 상황 아래 내린 결정이 결국 전체를 보지 못한 미숙한 선택이었음을 나중에야 인식하게 되었다. 부부 갈등이라는 문제점을 회피한 채 조기 유학이라는 명목 아래 아이들을 외롭게 정신적으로 고립시켜 힘든 사춘기를 겪게 만들었다. 그녀는 과거를 회상하며 고통스럽게 다음과 같이 이야기했다. "부모와 함께하면서도 겪기 힘든 사춘기를 타국에서 홀로 겪어 내야 했던 아이들의 심적 고통을 생각하면 내가 얼마나 나쁜 엄마였나 싶고, 미련하고 이기적인 나를 용서하기가 너무 힘들 때가 많아요." 그녀의 말처럼 아이들은 부부 갈등의 희생양이 되었고 일종의 정서적 방임을 당해 외롭고 혹독한 청소년 시절을 맞아야 했다. 그녀는 그로 인한 크고 작은 사건과 문제를 겪었다. 아이들은 성인이 되니까 오히려 집을 떠나기보다 집에 안주하고 부모에게 의존하려는 모습을 보였다. 자식을 잘못 키운 자신을 생각하며 절망감에 고통스럽다고 말했다.

사람들은 주로 타인에게 상처를 주거나 무시하거나 실망시키거나 타인의 기대를 충족시키지 못했을 때와 같이 자신이 타인에게 행한 행위 때문에 죄책감을 느낀다. 무엇보다도 자신이 아끼는 사람들에 대해 죄책감을 느낀다. 따라서 죄책감은 다른 정서보다 친밀한 관계에서 오는 정서라 할 수 있다. 이 사례의 여성은 몇 번의 상담을 받고 오랜 자기 작업 후에 현재 아이들을 재양육하는 기분으로, 아이들의 어린 시절에 못 다한 엄마 역할에 최선을 다하고 있다. 그녀가 병적으로 죄책감에 집착한다면 시간과 에너지를 낭비하며 자기 고문으로 자신을 폐허로 만들 수 있다. 그러나 그녀는 자신이 겪은 과거의 경험과 실패를 통해 상처를 입은 치유자가 되어 지금도 어딘가에서 울며 고통스러워하는 영혼에게 다가가 그 아픔을 공감하고 이해하며 위로해 주는 역할을 하고 있다. 또한 그녀는 고통을 대면하고 자아 인식을 통해 자신에게 책임이 있음을 인정하게 되었다. 또한 운동선수가 실수와 실패를 통해 더 앞으로 나아가듯이 그녀는 후회와 죄책감으로 더 이상 괴로워하지 않게 되었다.

변화는 인식으로 시작되고, 변화는 수용으로 계속된다. 이 수용은 두 가지가 있다. 첫 번째, 문제가 있다는 것을, 불행과 고통이 있다는 것을, 그 고통에 자신이 어떤 역할을 했다는 것을 받아들이는 것이다. 두 번째, 더 건강한, 더 행복한 삶을 가능하게 하는 작업과 변화를 받아들이는 것이다.

사례에서 주인공과 그녀의 자녀는 상호 의존 관계로 고통을 받았다. 상호 의존자는 자기-가치가 다른 사람의 안녕에 있다고 생각하기 때문이다. 사랑하는 사람이 실패하면 상호 의존자는 마치 그들 자신이 실패한 것처럼 느낄 수 있다. 다른 사람의 삶을 더 좋게 만들려는 시도는 통제하는 행동이나 소유하는 행동으로 바뀔 수 있다. 다시 말해, 상호 의존 관계는 한 사람의 자존감과 행복이 자기 자신이 아닌 파트너의 안녕에 전적으로 달려 있다고 하는 역기능 관계를 말한다. 상호 의존 관계로 빠지기 쉬운 사람들은 대부분 도움을 주는 사람들이다. 그들은 자주 자신의 우선적 역할을 구제자, 후원자, 돌보는 사람, 그리고 단짝 친구로 생각하며, 이 역할을 통해 친밀감을 발견한다. 이러한 패턴은 대부분 어렸을 때 역기능 환경에서 발달한다. 갑작스럽게 어른 역할을 배운 아이는 커서 도움을 주는 것에 능숙해지는데, 이 도움이 역기능이라는 데 문제가 있다. 그래서 상호 의존 관계를 치유하기 위해서는 초기 아동기 문제와 이 문제가 현재 역기능적 행동 패턴과 어떻게 연결되어 있는지를 알아야 한다. 아동기의 상처, 상실, 분노의 뿌리 깊은 느낌과 접촉할 때 현재의 관계를 건강하게 재형성할 수 있다. 도움을 주면서 도움을 받는 사람을 망치고, 도와주는 자신도 망친다. 이것은 일종의 중독을 낳는다. 알코올 중독 등의 다른 중독과 마찬가지로 치명상을 입히는 '관계 중독', '인간 중독'이라는 값비싼 대가를 치른다. 관계가 삶에 보탬이 되지만, 스스로 행복을 만들지 못하면 결국에는 그 관계가 우리를 행복하게 하지 못한다. 상호 의존에서 회복될 때 자신의 행복에 책임을 지게 된다. 그런 다음 이렇게 말할 수 있다. "행복은 자기 내면에서 시작된다."

기법

파괴적 죄책감에 대한 유일한 처방은 '꼭' '바르게 해야 한다.'는 강박 관념, '완벽하게 해야 해.'라는 극단적 추구를 포기하는 것이다. "나는 약간은 내가 원하는 대로 놓아둔다."라고 성 아우구스티노는 표현했다. 바로 여기서 모든 치유가 시작된다.

책임 비율 정하기 기법

그렌 쉬럴디Glenn R. Schiraldi, Ph.D.는 책임의 비율을 매기는 각 단계를 다음과 같이 요약한다.

① 본인이 사건의 세부적인 것들을 말로 표현해 본다.
② "당신은 몇 퍼센트의 책임을 져야 하는가? 확실한가? 그보다 높을 수도 적을 수도 있지 않은가?"라고 질문해 본다.

③ 당신이 정한 책임 할당량에 대해 이해할 수 있게 설명해 본다. 얼마나 어떻게 기억하고 있는지 말로 해 본다.
④ 도전해 본다. 그밖에 누가 책임이 있는가? 그들도 공정하게 몇 퍼센트 책임이 있지 않은가?
- 책임을 져야 할 가해자가 있었는가?
- 그밖에 누가 관여했는가? 그 장소에 다른 사람들이 있었는가? 그 장소에서 멀리 떨어져 있던 사람이 있었는가? 사회의 영향은? 당신이 그들에게 어떻게 책임을 부여했는지를 듣는 사람이 이해할 수 있도록 설명한다.
⑤ 전체가 100%가 되도록 책임의 양을 다시 계산해 본다. 그리고 정확하게 당신이 했던 것과 하지 않았던 것에 초점을 맞춘다.
⑥ 자신에게 매긴 책임량 때문에 얼마나 많은 고통을 받았는지 설명한다.
⑦ 자신의 실제 책임 비율과 비교해서 자신이 받은 고통이 충분한지 아닌지, 너무 과한지를 말해 본다.
⑧ 적절한 범위 내에서 기워 갚을 수 있는 계획들을 마련하고, 삶을 증진시킬 수 있는 구체적인 계획을 짠다. 그리고 자신을 징벌하는 방식이 아니라 생산적인 삶을 살아 본다.

책임 비율 정하기 기법을 죄책감을 해결하는 데 적용한 사례가 있다.

오랜 세월 죄책감에 시달려 온 여성의 사례이다. 그녀는 수치심을 동반한 죄책감에 짓눌려 거의 반평생을 살아왔다. 그녀는 그 이유를 여러 측면에서 이야기했다. 자존감이 없어서, 삶에 대한 투명한 가치관이 정립되지 않아서, 무엇이든 책임지지 않으려고 해서, 무언가가 두려워 '아니요'를 할 수 없어서라고 했다. 그리고 간헐적으로 자신을 죄책감으로 몰아넣은 것은 시어머니와 함께 살 때 그녀의 자세 때문이라고도 했다. 그녀는 상황을 다음과 같이 묘사했다. "양심에 걸려 많이 괴로워하면서도 늘 찌푸린 인상으로 어머니를 대했어요. 단 한 번도 진심으로 어머니와 함께하지 못했어요. 사실은 죄책감을 넘어 자괴감이 들었어요. 둘째 며느리로 형제들과 왕래도 거의 없이 20여 년을 시어머니를 모신 것이 억울하다기보다는, 지금 생각하면 시댁 형제들에 대한 미움까지 합쳐 맹목적으로 어머님을 싫어했던 것 같아요." 그런데 이 죄책감의 무게를 더 가중시킨 것은 남편의 태도라고 했다. 그녀는 계속 말을 이어 갔다. "시어머님이 돌아가시고 6개월쯤 후에 밀려드는 죄책감을 조금은 덜어 볼 심산으로 남편에게 '내가 어머님께 너무 심하게 한 것도 많지요?'라고 물은 적이 있었는데, 무심한 남편은 '당신이 그런 적이 많았지!'라고 답을 해 나의 죄책감에 커다란 돌 하나를 더 얹어 주었어요."

이 사례에 책임 비율 정하기 기법을 적용해 보자. 처음에 그녀는 지금껏 90~100% 책임이 있다고 생각했다. 그런데 20년 동안 어머님을 찾아뵙기는커녕 용돈 한 번 보내지 않은 큰형님 내외에게도 책임을 부여해야 한다. 그리고 반년씩 모시자고 먼저 제안하고는 한 번도 실천하지 않은 시누이에게도 책임을 지워야 한다. 집안일을 한 번도 도와주지 않은 시어머니에게도 책임이 있다. 그리고 남편의 책임 비율 또한 정해야 한다. 그녀가 시어머니를 모시면서 겪은 모든 수고를 과소평가하고 본인의 역할을 다하지 않았기 때문이다. 이렇게 책임 비율을 할당하면 그녀의 책임은 상대적으로 많이 줄어든다. 책임을 지울 수 있는 모든 사람에게 비율을 할당한 후에 본인의 책임 비율을 산정해야 한다. 그다음 죄책감이 든 부분을 기워 갚을 조치를 취하고 삶을 증진시키는 방식으로 살아가는 것이다. 책임 비율을 정하는 또 하나의 사례를 보자.

재테크를 잘못해서 재정적으로 어려움을 겪고 있는 여성이 있다. 그런데 식구들 모두 그 책임을 그녀에게 돌려, 그녀도 모르는 사이에 죄인 아닌 죄인이 되어 버렸다. 그녀는 억울하다며 이야기했다. "나도 죄책감을 느끼긴 하지만, 가끔 억울한 느낌이 들기도 해요."

이 사례에서 가정의 재정적 어려움의 책임 비율에서 가장 큰

몫은 물론 재테크를 잘못한 당사자이다. 그다음으로 남편에게 그녀와 비슷한 비율로 책임 비율을 매길 수 있다. 사전에 재테크에 대해서 이야기를 나누었기 때문이다. 그리고 그들에게 소개해 주고 강력히 권한 사람에게도 비율을 할당할 수 있다. 또 나라 경제가 전반적으로 침체된 것도 이유가 될 수 있다. 그리고 필요하다면 자신의 책임 비율에 맞게 손상된 것을 회복할 수 있는 방안을 마련해서 보상해야 한다. 그런 다음 다시 삶을 추스르고 생산적이고 건설적인 삶을 살도록 계획을 마련해 실행하는 것이다. 이렇게 책임 비율을 정할 때 온갖 책임을 뒤집어쓰면서 죄책감을 느꼈던 것에서 어느 정도 자유로울 수 있다.

죄책감을 해결하는 심리적 3단계 과정

죄책감 해결의 3단계는 거부, 중립화, 해결의 과정이다. 다음 사례는 이를 잘 보여 준다.

한 중년 여성이 중학생 때 일이다. 체육 시간에 다른 아이들이 먼저 운동장으로 나가고 그녀 혼자 조금 늦게 나가게 되었다. 그때 친구의 지갑이 눈에 들어와 열어 보니 돈이 많이 있었다. 그녀는 그 돈을 꺼내 주머니에 넣고 빨리 운동장으로 나갔다. 체육 시간이 끝나고 교실에 들어와 보니 돈이 없어졌다고 온통 난리가 났다. 종례 시간에 담임 선생님이 들어와 조사를 시작했다. 체육 시간에 교실에 남아 있던 사람과 중간에 교실에 들어온 사람을 적어 내라는 것이었다. 어떤 친구의 이름이 나왔다. 선생님은 그 학생을 앞으로 나오라고 하고 추궁하기 시작했다. 그 친구는 자신이 아니라고 강하게 말했지만, 선생님은 믿지 않았다. 그 학생은 공부도 못하고 평상시에 교칙을 어기며 폭력 서클에도 들어 있었다. 처음에는 체육 시간 중간에 들어오지 않았다고 거짓말을 하다가 나중에야 시인을 했다. 그러나 그 아이는 중간에 들어오긴 했어도 돈을 훔치지는 않았다고 했다. 선생님은 그 아이 말을 믿지 않고 때리기 시작했다. 아니라고 하면 할수록 더 맞았다. 그 아이는 교무실로 끌려가 반성문을 썼다. 그녀는 그 상황을 바라만 보고 있었다. 그 아이가 맞을 때는 식은땀이 났다. 그녀는 속으로 생각했다. '돈을 훔치지는 않았지만, 저런 나쁜 아이는 맞아도 싸.' 몇 주가 지났는데도 그 장면이 지워지지 않았다. 그리고 그녀는 애써 '시간이 지나면 잊힐 거야.' 라고 생각하며 불편한 감정을 달랬다. 그리고 때때로 창문을 바라보며 멍하게 앉아 있는 시간이 많아졌다.

그녀는 그 일을 떠올리며 고통스러워했다. 그녀는 그 일이 삶에서 고통으로 다가왔다고 눈물을 지으며 말했다. "지금 세월이 30년 이상 지났지만 그 일은 내 존재의 어딘가에 계속 남아서 영향을 미쳤어요. 때때로 악몽으로 나타나기도 했어요." 그녀는 도저히 이 불쾌한 감정을 해결할 수 없어 상담을 받았고, 그제야 그것이 죄책감이라는 것을 알았다. 그녀는 자신의 행동을 있는 그대로 인정하고 억압했던 죄책감을 들여다보면서 자기 때문에 상처를 입은 친구에게 너무도 미안한 마음이 들었다. 죄책감은 불편한 것이지만 그녀가 잘못을 인정할 때까지 계속 양심을 통해 그녀에게 이야기하고 있었던 것이다. 그녀는 이야기를 하며 너무 슬퍼 한없이 울었다. 그녀는 '그 친구를 다시 만날 수 있을까? 어떻게 하면 용서를 구할 수 있을까?' 곰곰이 생각했다. 그녀는 그 친구를 만나 용서를 빌지는 못했지만, 하늘에 편지를 쓰면 전달해 주리라 희망하며 편지를 썼다. 그리고 그 편지를 태우면서 그를 위해 기도했다. 그 친구가 부당하게 받은 상처를 치유해 달라고 기도했다.

죄책감을 해결하는 3단계 과정은 첫 번째 거부이다. 죄책감은 아주 불편하기 때문에 처음에는 책임을 거부할 수 있다. 충격을 받거나 멍해질 수 있다. 두 번째, 중립화이다. 우리는 교훈을 얻고 잘못 생각하고 있는 것을 명확하게 함으로써 감정들을 중립화한다. 세 번째는 해결이다. 자신이 원인이 된 상처에 대해 적절하게 슬픔을 표현하고 적합한 것으로 수정한다. 죄책감과 자기 징계에서 해방된다.

이 사례에서 주인공이 작업한 것은 기억의 치유, 곧 죄책감의 치유 3단계이다. 이 치유 작업에서 중요한 것은 억압했던 고통스러운 감정인 죄책감을 끄집어내면서 한 성찰이다. 성찰이란 기존에 없던 생각을 새롭게 하는 것이 아니다. 스스로 알고 있던 것, 그러나 내 안의 감옥에 사로잡혀 드러내지 못했던 것을 끄집어내 있는 그대로 인정하고, 긍정하고, 다시 내 안으로 받아들이는 과정이다. 문제도 내 안에 있고, 해결책도 내 안에 있다. 그러나 그것을 발견하는 것은 결코 쉬운 일이 아니다. 그리고 두 번째는 고요한 곳에서 내면 깊은 곳에서 들려오는 소리를 듣고 들여다보는 시간을 내어 감정을 중립화하는 것이다. 이 사건을 객관화해 있는 그대로 보고 명확히 하는 것이다. 예를 들어, 친구에게 상처를 주었고 돈을 훔쳤고 친구가 범인으로 몰렸는데도 방관하며 숨은 것 등을 말한다. 마지막으로 세 번째는 사례에서와 같이 죄책감을 인정하고 용서를 청하려고 친구를 만나기 위해서 애쓰는 것, 용서를 청하는 기도문을 만들어 보내는 것이다. 이와 같이 친구에게 용서를 비는 행동과 더불어 중요한 것은 자신을 용서하지 못하고 무의식 안에서 계속 단죄한 자신을 용서하는 것이다. 억압된 죄책감은 계속 고통이라는 다른 모습으로 등장한다. 죄책감을 억압하면서 그동안 고통을 겪은 자기 자신을 용서하는 것이 가장 힘든 일인지도 모른다. 그러나 자신을 용서한 후에야 웃을 수 있고, 몸과 감정, 정신, 영혼 모두가 더 가벼워지고 세상과 조화롭게 된다.

죄책감의 심리적 치유 방식 5단계

죄책감은 어떻게 해결되는가? PTSD(외상 후 스트레스 장애) 권위자 찰스 피글리Charles Figley는 정신 외상 사건을 매듭짓기 위해 친절하고 민감한, 그리고 치유하는 방식으로 답변을 요구하는 질문 다섯 가지를 제시한다. ① 무엇이 일어났는가? ② 왜 그 사건이 일어났는가? ③ 그 사건을 겪는 동안 왜 그런 식으로 행동했는가? ④ 그 후 왜 그런 식으로 계속 행동하고 있나? ⑤ 이와 같은 어떤 것이 다시 일어난다면 다르게 대처하고 생존하기 위해 무엇을 할 것인가?

다음은 결혼 생활의 위기를 겪은 한 중년 여성의 사례를 5단계 치유 방식에 적용한 것이다.

① 무엇이 일어났는가?

그녀의 결혼 생활은 생각처럼 쉽지 않았고 부부 싸움을 많이 하며 살았다. 부부 사이 갈등으로 아이들에게 부정적인 영향을 미쳤다. 아이들이 잘못될 때마다 자신이 잘못 살아온 것 때문에 그런 것이 아닌가 하는 죄책감이 들었다.

② 왜 그 사건이 일어났는가?

그녀는 연애를 했는데 결혼에 대한 두려움 없이 부모의 반대에도 남편의 청혼을 받아들이고 쉽게 결혼했다. 그런데 살다 보니 종교는 물론 성격도 반대 성향의 기질을 가졌고, 가치관과 식성도 달랐다. 그래서 늘 갈등과 다툼 속에서 살았다.

③ 그 사건을 겪는 동안 왜 그런 식으로 행동했나?

"괜히 결혼했어! 이럴 줄 알았으면 안 하는 건데." 라는 후회를 수도 없이 하고 분개하며 살았다. 이런 분개가 아이들에게 부정적인 영향을 미쳤다.

④ 그 후 왜 그런 식으로 계속 행동하고 있나?

산 넘어 산처럼 굽이굽이 돌아가며 30여 년을 함께 살아온 시간은 후회의 연속이었다. 그녀는 '오늘만 살고 이혼할 거야.' 라며 세월을 보내고 어느덧 할머니가 되었다.

⑤ 이와 같은 어떤 것이 다시 일어난다면 다르게 대처하고 생존하기 위해 무엇을 할 것인가?

우선 결혼과 같은 중요한 사안에 대해서 올바로 분별할 것이다. 올바른 이성으로, 그리고 주변 사람들의 객관적인 판단의 도움으로 숙고하며 결정할 것이다. 그다음 그녀의 자유의지로 결정한 일을 후회하며 상대방을 탓할 것이 아니라, 서로의 강점을 살리고 단점을 보완하며 책임을 지는 삶을 사는 것이다.

죄책감에 대한 5단계 치유 방식의 또 다른 사례이다.

① 무엇이 일어났는가?

첫째 아들의 여자 친구가 혼전 임신을 했다.

② 왜 그 사건이 일어났는가?

아들이 군에서 제대하고 대학을 졸업하자마자 사귄 여자 친구와 아이를 가졌다. 미혼부가 된 아들은 그녀에게 엄청난 충격을 안겨 줬다. 그녀는 당혹스러운 수치심과 죄책감에 시달렸다. 자신이 엄마로서 미숙했기 때문에 아이가 잘못되었다고 생각하고 깊은 죄책감을 갖고 있었다. 그리고 그녀는 그 아들이 첫아이라서 자신이 미숙하고 부족했으며 부모 역할을 다하지 못한 부분이 많았다고 자책했다. 연년생으로 아이를 낳았기 때문에 첫아들은 친정에서 6개월 정도 맡아서 길렀다. 그녀는 어릴 때 첫째 아이를 생각하며 다음과 같이 말했다. "아들은 엄마 품에서 떨어져 외롭게 긴 시간을 보냈어요. 그리고 조용하고 말 잘 듣는 착한 아이로 자랐어요. 동생에게 양보도 잘하는 인정 많은 아이였어요. 학교에서도 선생님들에게 늘 칭찬받는 모범생이었죠. 아들은 한 번도 속 썩인 적이 없고 억울해도 대들지 않는 길들여진 아이로 자랐어요." 그러면서 아이의 그런 모습이 역기능 가정의 부모에게 사랑받기 위해 터득한 방법이었던 것 같다고 했다. 아이 내면에 억눌리고 힘들었던 부분이 많았을 것이라고 말하며 그녀는 눈물을 흘렸다. 그 후 아이는 기대가 컸던 아버지에게 반항하며 늦은 사춘기를 맞았다.

③ 그 사건을 겪는 동안 왜 그런 식으로 행동했나?

그녀는 통곡했다. 아들에 대한 죄책감과 함께 섞여 있는 배신감과 실망 때문이었다.

④ 그 후 왜 그런 식으로 계속 행동하고 있나?

그녀는 역기능 가정 환경이 빚은 드라마 내용이 현실이 되자 후회와 죄책감으로 슬픔에 젖어 살았다.

⑤ 이와 같은 어떤 것이 다시 일어난다면 다르게 대처하고 생존하기 위해 무엇을 할 것인가?

그녀가 아들과 대화하면서 알게 된 것은 아들이 자신보다 더 괴로워하고 죄책감에 고통스러워했다는 것이다. 그리고 아들의 공부와 앞날의 성공에 대한 관심만 컸지 성적 정체성과 경계선에 관한 기준은 세워 주지 못했다는 것을 알게 되었다. 그래서 그들의 성행위에 대한 결과를 어떻게 받아들일지 선택하도록 했다. 하느님께서 주신 새 생명을 받아들이기로 하고 임신 중인 산모를 혼인 절차 없이 며느리로 받아들였다. 그녀는 체면이 손상되고 시댁 식구들의 비웃음을 대가로 치르며 고통을 받아들였다. 이 사건은 그녀 가정에 충격과 아픔을 안겨 주었다. 그것을 통해 잘못된 문제가 드러났고 서로 책임을 전가하며 탓하는 고통을 겪었다. 그러나 그 후 서로 대면하는 시간을 충분히 가진 후에 치유의 여정으로 이끄시는 하느님 손길에 맡겼다. 손자의 출산으로 기쁨을 얻었고 그동안의 아픔도 말끔히 씻겼다. 서로의 관계를 개선하게 되었고, 그녀의 아들도 홀로 서는 계기가 되었다. 죄책감을 해결하기 위해 그녀는 이런 식으로 행동하였고 대치했다. 미혼모나 미혼부들의 아픔에 동참하고 깊은 관심을 기울이며 생명에 대한 존엄성을 지켜 주기 위해 바친 희생은 헛되지 않았다. 아이들에게도 힘든 선택에 대해 힘을 실어 주었다. 그녀는 말했다. "오늘날 성의 혼란과 무책임으로 많은 젊은이들이 방황하고 있어요. 그것이 미혼모나 미혼부일 때 더 큰 용기가 필요한 것 같아요. 생명을 지키고 키우는 일은 세상에서 가장 귀하고 훌륭하며, 대단한 일이라고 생명을 경시하는 이들에게 알리고 싶어요. 나는 생명을 키우고 살리는 지킴이로 살아갈 거예요. 그리고 사랑으로 그들을 껴안을 거예요."

게슈탈트 의자 기법

그렌 쉬럴디는 의자 기법을 죄책감을 일으킨 외상 후 스트레스 장애 치유에 적용한다. 이 의자 기법에서 자기 자신과 상상으로 이해해 주는 친구를 설정한다. 죄책감으로 고통받고 있을 때 이 기법은 탁월한 도움을 줄 것이다. 자기가 두 가지 역할을 하는데, 한 번에 한 역할을 하고 적당할 때 의자를 바꾼다. 이 기법은 느낌, 사고, 그리고 기분이 지성적 측면이라기보다는 경험적 측면에서 표현되고 진행되도록 이끌어 준다.

① 마주 볼 수 있도록 의자 두 개를 준비한다. 하나는 자신이, 다른 하나는 나를 이해해 주는 친구의 의자이다.
② 친구의 의자에 앉아 친구 역할을 한다. 희생자의 역할, 책임, 그리고 느낌을 포함해 정신 외상의 경험을 이야기하도록 다른 의자에 있는 희생자에게 요청한다.
③ 자리를 바꾸고 희생자의 역할을 맡아 질문에 응답한다. 끝마치면 조용히 앉아서 느낌을 느낄 수 있도록 한다. 몸이 지각하고 있는 것에 주의를 기울인다. 그다음 자리를 바꾼다.
④ 이해해 주는 친구로서, 희생자가 느끼고 있는 것을 느끼려고 해 본다. 지지, 용기, 조언을 한다. 그 외의 질문이 필요하다면 한다.
⑤ 자리를 바꾸고 대답한다.

변화는 지성적인 자신이, 느낌의 자신에게 이야기하도록 하는 것이다(감정 표현이 어렵다는 것을 알기에). 비슷한 훈련으로 자신이 특별한 두 사람이라고 상상한다. 첫 번째 사람은 친절하고 용서해 주고 위로를 주는 친구로, 이해하고 공감하면서 이야기를 귀담아 들어 주는 의지할 수 있는 사람이다. 두 번째 사람은 고통을 겪고 있는 자신의 일부이다. 상처받고 죄책감을 느끼며 몰이해를 받는

쪽이다. 천천히 깊게 숨을 쉰다. 그렇게 하면서 첫 번째 사람이 상처를 입고, 손상된 느낌을 가진 두 번째 사람을 사랑스럽게 받아들이는 것을 상상한다. 이제 숨을 내쉰다. 그리고 첫 번째 사람의 사랑에 응답하고 받아들이면서 두 번째 사람은 고통, 죄책감, 또는 고통을 불러일으키고 있는 좌절을 해방시킨다. 숨을 들이쉬면서 두 번째 사람이 사랑, 기쁨, 그리고 첫 번째 사람에게 받아들여지고 있다는 강한 느낌을 상상한다. 숨을 내쉴 때 온전하고 완전해지며 치유되면서 두 사람 사이의 구별이 사라진다.

치유 여정은 해결되지 않은 죄책감으로 방해받을 것이다. 그러나 죄책감은 변화를 위한 동기가 된다. 우리가 돌보고 있는 어떤 사람에게 상처를 입힌다면 죄책감은 그 행동을 개선하도록 도와줄 것이다.

죄책감은 악의 없는 실수나 사건, 자신의 이상이나 정상적 기대대로 살지 못했을 때 생긴다. '나는 항상 잘못했다.'라는 나의 세포 속에 각인된 생각들이 현재 삶에 부정적 영향을 미친다. 대부분의 경우 본의 아니게 악을 저지르거나 과거의 잘못으로 생기는데, 자신이 저지른 행위로 인해 상대방이 당하는 피해가 클수록 그에 수반되는 죄책감도 커진다. 게다가 극도의 심한 죄책감을 느끼면 PTSD로 발전해 평생 괴로움을 겪는 경우도 생기며, 심지어 죄책감에 못 이겨 스스로 목숨을 끊는 경우도 있다.

죄책감은 때로 자신이 어떤 잘못을 했기 때문이 아니라, 상대방이 자신보다 더 큰 고통을 겪었기 때문에 생기는데, 이것을 생존자 죄책감이라 한다. 2차 세계 대전 생존자, 즉 홀로코스트 생존자들은 다른 사람들에 비해 고통을 덜 겪었거나 자신만 살아남았다는 사실에 죄책감을 느낀다는 조사 결과가 나왔다. 이에 대해 학자들은 사람들이 공정함에 민감하며 삶이 누군가에게 불공정하다고 느낄 때는 자신이 잘못을 저지르지 않았음에도 죄책감을 느낀다고 설명한다. 기업 구조 조정에서 살아남은 직장인들이 해고된 동료들에게 느끼는 감정 역시 생존자 죄책감이라 할 수 있다. 이처럼 죄책감은 개인의 내부에서 개인적으로 일어나는 감정이 아니라 대인 관계에 기반을 둔 정서라 할 수 있다.

적당한 죄책감은 '양심의 가책'으로, 옳고 그름과 개인적 가치, 사회적으로 바람직하다고 여겨지는 규율과 원리를 지키도록 하는 긍정적 기능을 한다. 이는 개인과 사회의 유지에 모두 도움이 된다고 볼 수 있다. 그러나 지나친 죄책감과 너무 높은 도덕적 기준은 욕구에 대한 억압으로 나타나거나 불안, 우울, 강박 장애와 같은 병리적 현상으로도 이어질 수 있으므로 주의가 필요하다.

현대인은 서로 다른 고통을 겪는다. 대부분의 사람들처럼 양심이 무뎌져 죄책감을 느끼지 않으려고 애쓰거나 외상을 겪은 사람들처럼 책임감을 지나치게 강하게 느끼는 경향이 있기 때문이다. 책임의 범위가 늘어날수록 실제 감당할 수 있는 책임은 줄어들며 능력의 한계를 알게 된다. 또한 죄책감은 용서를 구할 수 없거나 용서받을 수 없다고 생각할 때 우리를 실망시킨다. 죄책감이 용서라는 행위를 통해 받아들여질 때 죄책감에서 해방된다. 보상하는 것은 용서를 구하는 일부분이다. 용서는 우리의 역사를 치유하고 죄책감을 없애 준다.

거짓 죄책감 덜어 내기

참된 죄책감과 거짓 죄책감을 구별해야 한다. 참된 죄책감은 용서받을 수 있지만, 거짓 죄책감은 용서받지 못한 채 계속 영향을 미칠 수 있다. "참된 죄책감은 용서될 수 있다. 허락 없이 과자를 훔치는 것과 같은 행위는 아동기에 전형적으로 할 수 있는 나쁜 행위임이 분명하다. 그것은 용서받을 수 있다. 아이들이 부모의 이혼으로 자신을 비난하는 것과 같은 거짓 죄책감은 감지되기가 쉽지 않다. 그것은 서서히 좀먹고 부식된다. 세월이 흐른 뒤 눈에 띄지 않고 용서받지 못한 채, 예측할 수 없는 방식으로 표면에 드러날 수 있다."

죄책감을 등 뒤에 끌고 다니는 크고 무거운 가방으로 생각해 보자. 가방 안에 죄책감을 적어 넣어 그것을 평생 지니고 산다는 것이다. 쉬운 예로 그러한 죄책감은 이혼으로 체중이 늘어나는 것, 직장에서 모든 사람을 기쁘게 하지 못한 것, 가족 모두를 행복하게 하지 못한 것, 아이들이 학교에서 문제를 일으킨 것들을 포함할 수 있다. 거짓 죄책감 덜어 내기 단계는 다음과 같다.

① 가방에 지니고 살아온 참된 죄책감 알아내기

어린 시절 마음속으로 되돌아가 보자. 우리는 여러 종류의 죄책감을 기억할 수 있다. 예를 들어 사탕을 훔친 일, 시험에서의 부정행위, 부모를 화나게 한 일, 형제들과 사이좋게 지내지 못했던 기억 등을 들 수 있다. 성인 시기에는 하늘의 법을 어긴 행위에 대한 윤리적 책임, 배우자에 대한 부정행위, 경비 지출 내역에 있는 항목에 대해 거짓말을 한 것, 소득세를 속인 것 등이 해당된다.

② 알아낸 참된 죄책감의 용서 청하기

성찰해서 알아낸 목록을 신뢰할 만한 어떤 사람이나 존재에게 말하는 것 자체로 죄책감에서 벗어나는 데 큰 도움이 될 수 있다. 신뢰할 만한 친구, 사목자, 상담자, 또는 심리 치료사도 괜찮다. 또한 절대자, 더 높은 힘, 하느님, 신 등과 같은 자신이 믿는 초월적 존재에게 말씀을 드리며 용서를 청하는 것 또한 죄책감에서 벗어날 수 있는 탁월한 방법이다. 이렇게 말한 후 보상하는 적합한 행동을 한 다음, 자신의 죄책감 가방에서 목록들을 지울 수 있다.

③ 거짓 죄책감 알아내기

이제 가방 안에 남아 있는 거짓 죄책감을 분류할 수 있다. 이러한 느낌은 흔히 건강하지 않은 관계의 잔류물이다. 또한 어렸을 때 가진 마술적 사고도 이에 해당한다. 그 예는 다음과 같다. "내가 방해가 되지 않는 곳에 조용히 있었다면 아빠가 나를 여기저기 때리지 않았을 텐데. 내가 더 좋은 성적을 받았다면 엄마가 기뻐하실 텐데. 내가 운동을 더 잘한다면 아빠가 나를 자랑스럽게 생각할 텐데. 내가 날씬해지면 사람들이 나를 매력적이라고 생각할 텐데. 내가 한 단계 더 높은 학위를 받을 수 있다면 아버지가 나를 존중해 줄 텐데."

④ 거짓 죄책감 돌려주기

먼저 이러한 거짓 죄책감을 갖게 한 사람들에게 그것을 돌려준다. 죄책감 가방 안에 남겨진 각 항목에 대해서 그 죄책감이 진실로 누구의 것인지 이름을 적는다. 빈칸에 이름을 쓰고, 자신의 죄책감 가방에서 그 항목을 지운다.

예를 들어, "어머니, 내게 고함을 질러 죄책감을 불러일으킨 것을 어머니에게 돌려준다." "형, 내게 포르노를 보게 하여 죄책감을 불러일으킨 것을 형에게 돌려준다."

이 단계에서 도움이 필요할 수 있다. 실제 죄책감으로 투쟁하는 사람들이 가끔 진정한 죄책감이 무엇인지 그리고 거짓 죄책감이 무엇인지 분별하는 데 어려움을 겪는 것을 안다. 상담자, 사목자, 신뢰할 만한 친구들이 목록을 검토하는 데 도움을 줄 수 있다.

죄책감과 회개

회개의 행동은 이 두 가지 차원과 자주 연결된다. 회개는 더 좋게 행동할 수 있는 방향으로 이끄는 돌아옴이다. 그러나 회개는 또한 내면의 치유 형태를 지닌다. 그것은 자신의 품위가 저하되는 무가치한 느낌으로 인해 스스로를 돌아보게 한다. 인간은 존재 자체로 귀하고 존엄하지만, 잘못한 행동으로 인해 그 가치가 숨겨지고 가려진다. 오염되고 불결한 느낌으로 자기 비하의 느낌이 생긴다. 회개는 행동으로 인해 오염된 혼을 정화하고 다시 뿌리를 내리게 한다. 회개로 내면의 조화, 무게 중심, 그리고 인간이 자유롭게 움직일 수 있는 균형을 다시 유지하게 한다. 더 나아가 이러한 내면의 경험은 개인의 삶을 풍요롭게 하며 행동에 긍정적인 의미를 부여한다. 이것이 모든 인류 위에 세워진 가치에 투신하게 되는 동기를 불러일으킨다.

회개는 행동이며, 인간을 자유롭게 하는 행동이다. 그것은 '아니요'라고 말하는 행동이며, 다음과 같이 말하는 행동이다. "나는 과거 나의 성취들을 합친 것 이상의 존재이다. 나는 독특한 존재이며 그래서 자유로운 행동에 의해서 나의 존재와 존재 가치를 주장하며, 나는 다른 어떤 사람이 묘사한 것 이상이다. 나는 단순히 나라고 주장한다."

정화를 위해 탐구하는 것처럼 회개는 자기완성을 위해 자기를 분석한다. 그리고 영적 정화를 위해서 여러 가지 성찰을 한다. 더 잘하고 더 나은 존재가 되려는 두 가지 목표는 서로 관련이 있지만, 서로 다른 두 과제로 이끈다. 다른 사람들과 깨진 관계를 회복하는 것과 자기 자신을 정화하는 것이다. 이러한 전환은 실질적인 회개의 행동을 하도록 이끈다. 그리고 이것은 회개의 과정, 곧 몇 가지 다른 단계와 일어날 전환을 위해 필요한 로드맵을 제공한다. 회개의 길은 다음 다섯 가지로 설명할 수 있다.

① 회한
당신은 기분이 나쁠 것이고 당신이 했던 것에 대해 후회할 것이다.

② 철회
당신은 느낌을 말로 바꾸고 죄들을 고백할 것이다.

③ 포기
당신은 의도적으로 나쁜 짓들을 포기하고, 당신의 느낌과 사고에서 제거하고 다시 죄를 짓지 않도록 결심할 것이다.

④ 결심
당신은 미래에 더 나은 길을 따르기로, 당신이 되고자 하는

것에 매진할 것이다.

⑤ 화해

당신은 용서를 청할 것이다.

　죄책감을 치유받기 위해서 가장 먼저 해야 할 것은 하느님께 용서를 청하는 것이다. 혹시 하느님께 대한 섭섭함이나 두려움 등이 있다면 하느님과의 관계를 회복해야 한다. 좋으신 아버지 하느님과의 관계를 회복하지 않으면 치유는 불가능하기 때문이다. 그래서 하느님께 용서를 청하는 것이다. 그리고 자기 자신을 용서해야 한다. 자신의 깨진 이미지를 회복해야 한다. 죄책감의 치유를 위해서는 필수적이다. 이것은 다른 말로 나를 이미 용서하신 하느님 아버지의 용서를 받아들이는 것을 의미한다. 이 과정에서 혹시 내게 피해를 준 어떤 사람을 용서하지 못하고 있다면 반드시 먼저 용서를 해야 한다. 용서는 자비의 흐름이기 때문이다.

　죄책감이 용서라는 행위를 통해 받아들여질 때 죄책감에서 해방될 수 있다. 보상하는 것은 용서를 구하는 것의 일부분이다. 그런데 알코올 의존자인 부모에게 받은 학대나 배우자의 폭력으로 입은 상처를 어떻게 보상받을 수 있을까? 적대자가 이미 세상을 떠났다면 얼굴을 마주 대하는 화해는 불가능할 것이다. 어떤 잘못은 보상으로 정당화될 수 없다. 오직 용서하는 은총만이 상처를 아물게 할 수 있다. 용서는 우리의 역사를 치유하고 죄책감을 없애 준다. 모든 사람이 할 수 있는 가장 위대한 기도가 있다.
 "오 주님, 저의 마음을 깨끗이 하시고 제 영혼을 새롭게 하소서."